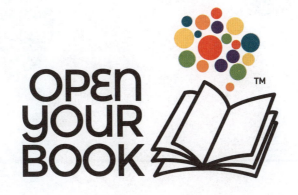

OPEN YOUR BOOK

EDITH LÓPEZ

Open your book
© Edith López

Primera edición, 2021
ISBN 978-1-7373651-1-2
Versión impresa

ESSERE LLC
2512 Churchill Ave.
Edinburg, Texas 78539

DISEÑO DE PORTADA E ILUSTRACIONES
Armando Ordóñez

DISEÑO DE INTERIORES
Typotaller

CUIDADO EDITORIAL
Comunica México

Ninguna parte de esta publicación puede reproducirse, almacenarse en un sistema de recuperación o transmitirse, en ninguna forma ni por ningún medio, sin la autorización previa y por escrito del autor.

Abre el libro y gana tu juego interior

Si quieres enseñar a la gente una nueva forma de pensar, no los aburras tratando de enseñarles. En lugar de ello, dales una herramienta cuyo uso los conduzca a nuevas formas de pensar.

RICHARD BUCKMINSTER FULLER

Open your book

Agradecimientos

Mi gratitud y mi honra a Dios por su presencia en mi vida. Mi agradecimiento eterno a mis padres Elida y Luciano por su amor, esfuerzos y sacrificios, por llevar su sangre en mis venas y tener el privilegio de los mejores hermanos del mundo: Mirtha, Olga, Luciano y Blanca: me hacen sentir aceptada, contenida y amada.

A mi comunidad *Essere Group*, a mis clientes: muchas gracias por creer en mí y darme la oportunidad de servirles. A mi red de apoyo: mis hermanas de oración Sandra y Yazmin muchas gracias por nutrirme de fe, confianza y solidaridad. A mis mentores, en especial a Luis Villa por encender mi antorcha y permanecer avivando mi luz. A mis amigos por las experiencias compartidas que me enriquecen. Mi especial gratitud a Gabriela Torres Cuerva por el gran acompañamiento y liderazgo en este proyecto y por su comprensión en mis días de enfermedad, de huracán, de apagón eléctrico o energético personal. Y gracias enormes a Marko y a mi maravilloso equipo: ¡Muchas gracias!

Desde el corazón

Homenaje a mis ancestros
De mi familia recibo todo con amor. Muchas gracias por abrir camino para que yo llegara hasta aquí. Siempre serán los primeros. Tienen un lugar en mi corazón.

A mi familia que vive los procesos de mi vida. A mi esposo Aaron por extender sus brazos para abrazarme, otras veces para darme libertad y cuando es necesario para sostenerme. A mis hijos Mia y Maximiliano por llenarme de alegría, gozo y razones para vivir. Muchas gracias por su comprensión y respeto, en especial por el apoyo durante las exhaustivas jornadas que fueron necesarias para sacar a la luz *Open your Box* y *Open your Book*. Los abrazo con mi alma.

Índice

▸ **Lejos de tomarnos la vida tan en serio, por favor: juguemos**

Saca tus emociones del libro ... 19
Jugar a encontrarte ... 20
¿De qué valores partes para leer y jugar *Open your Book*? ... 21
Ventajas de aprender jugando *Open your Book* ... 23 / 25
El mundo a veces nos pone de cabeza ... 28

▸ **No te quedes en las páginas, el regalo está en leer por dentro y a todo color**

¿Qué es la inteligencia? ... 34
¿Qué es la Inteligencia Emocional? ... 38
Ventajas de aprender Inteligencia Emocional a través del juego ... 44

▸ **6 colores vibran en ti, listos para ser identificados y gestionados**

Emociones básicas: las 6 caras del dado ... 54
Llamar a lo que sentimos por su nombre ... 68
Los 6 pasos para liderar tus emociones ... 71

▸ **Un cuento a la vez para brincar la cuerda y abrazar mis emociones**

Cuentos para subir la escalera de tu gestión emocional ... 81
Narushi ... 83
La espada de Serena ... 87
El huevo rojo ... 93
La receta correcta ... 99
Golosinas en el mar ... 107
La máquina de las sorpresas ... 114

▸ **Las emociones se miran a los ojos para comprenderse y aceptarse**

Entendiendo el kit de emociones ... 122
Emociones básicas para construir sentimientos ... 131

▸ **Toma consciencia de tus máscaras y a volar**

Máscaras ... 142
¿En qué nivel de la pirámide estás? ... 147

▸ **No busques el poder afuera cuando no te has convencido del poder que tienes dentro**

Competencias: las otras 6 caras del dado ... 156
Autoconocimiento ... 160

▸ **Sentir es nuestro derecho y gestionarnos nuestra responsabilidad**

Autorregulación ... 168

- **La automotivación es el corazón de la persistencia**

  Automotivación   174

- **Tu luz es suficiente para encender otras**

  Conciencia social   178

- **Agradece, abraza y abre tu caja para amar de otras maneras**

  Habilidades sociales   182

- **Eres suficiente para vivir una vida de significancia y trascendencia**

  Propósito mayor (trascendencia, contribución)   186
  Los 6 pasos para desarrollar tus competencias emocionales   190

- **Un cuento a la vez, aprendizajes y el desafío del crecimiento**

  Cuentos para subir la escalera de tus competencias emocionales   199
  Sueña con tu diamante   201
  Estatuas en movimiento   205
  Tutú azul   209
  Pies ligeros   213
  Palabra mágica   219
  Los dos mares   223

- **Improvisar es abrir tu corazón y expresar lo que sientes desde la intuición y la libertad**

  Sellos dorados: las 6 caras más divertidas del dado   230

- **Tu actitud es el permiso que te das para estar presente, fluir y divertirte mientras aprendes**

  Reflexión y aprendizaje: las últimas 6 caras del dado   244

Open your book

Gana tu juego interior

La invitación es hacia el autoconocimiento y la gestión emocional, también hacia la gran herramienta de aprender jugando. Cuando éramos niños sabíamos perfectamente quiénes éramos y qué queríamos, pero en el transcurrir del tiempo nos quedamos atrapados entre frustraciones, resentimientos, miedos y otros componentes que entierran nuestra esencia y nuestros más profundos sueños. Este libro se trata de jugar a encontrarnos entre nuestros propios escombros y salir a la luz como un diamante que se extrae de las entrañas de la tierra.

Para niños, adolescentes y grandes, *Open your Book* es una herramienta que proporciona bases sencillas y fáciles de entender sobre lo que es y aporta la Inteligencia Emocional al desarrollo personal. Lograr ser "emopensantes" (seres conscientes de su capacidad para pensar y emocionarse), es una tarea que además de pedagógica puede ser bastante lúdica.

A lo largo de este viaje tendrás la oportunidad de ir tierra adentro en tu propio mundo emocional, al tiempo que adquieres distinciones para desarrollar competencias sociales que te permitan mejorar consistentemente tus relaciones interpersonales. Porque las relaciones con los demás son el reflejo de nuestro mundo interior. Si estás bien contigo mismo, estás bien con los demás. Y entre más auténtico seas, más aceptado y adaptado te sentirás con otras personas.

Un recurso de gran importancia en el libro *Open your Book*, son los seis pasos para liderar las emociones. Una guía práctica de gestión emocional para tomar conciencia de tus emociones y darles una dirección adecuada para lograr el autodominio y la ecología integral en el trato con los demás.

En *Open your Book* los cuentos tienen principalmente como objetivo generar reflexión sobre emociones, sentimientos y valores. Cada cuento detonará tu imaginación y te ayudará a abrir experiencias personales con las que te sentirás identificado.

En este libro de acompañamiento, Edith hace énfasis al proponerte descubrir el propósito mayor para el que has sido llamado a esta vida: "Todos estamos aquí para cubrir un propósito mayor. Sin importar tu religión, creencia o espiritualidad, la contribución es la misma: tenemos que dejar este lugar mejor que como lo encontramos". Esta es la oportunidad para que tú también conectes con tu propósito y permitas que se convierta en el rector de tu vida, la brújula que te oriente en el día a día y te de la dirección para el futuro de tu existencia. La pirámide del desarrollo no culmina en la autorrealización: su máximo escalón es la trascendencia.

Hay que tomar las cosas de quien vienen. Y este recurso didáctico viene de una gran persona. En los años que llevo de conocer a Edith López, veo en ella a una gran mujer en toda la extensión de la palabra. En esta década, la he visto sanar la relación con sus padres, mientras se toma el tiempo para convivir con ellos y procurar su bienestar. Es la chispa que enciende la unidad entre sus hermanos y la luz que ilumina el camino de su familia y de su vida en pareja. Como facilitadora es dedicada, creativa y lúdica. Como amiga es leal, servicial y confiable. Como persona en lo cotidiano es generosa, solidaria y fraterna.

Su corazón es como su casa, un espacio de puertas abiertas. Por eso digo que hay que tomar las cosas de quien vienen: la autora de este gran proyecto es una persona que habita la Inteligencia Emocional y antes de apoyar a otros, es una guía para su propio andar. Deseo que, en cada lectura, en cada cuento, en cada ejercicio y en cada recurso, encuentres un elemento que sea de gran utilidad en este viaje hacia tu interior. Los grandes viajes empiezan dando el primer paso y el viaje más placentero es aquel que se vive como un juego. Es un viaje al interior de uno mismo, es un continuo "jugar a encontrarse".

Luis Villa
Pedagogo. Máster en Educación Emocional.
Autor del modelo EMORES ©
Emocionalmente Responsables.

Lejos de tomarnos
la vida tan en serio,
por favor: juguemos

◗ Saca tus emociones del libro

¿Has estado a punto de lograr algo y cuando lo estás logrando sientes miedo al éxito? ¿Parece un contrasentido, cierto?

Cuando repetimos patrones y seguimos haciendo lo mismo una y otra vez, tenemos la impresión de que no hemos aprendido, de que fuimos malas alumnos de la vida.

Open your Book está aquí y es tu libro. ¿Para qué sirve? Para sacar tus emociones fuera del libro. Para que abras la puerta a lo que te hace sentir con mayor bienestar y para que te distancies de la mala relación que tienes con algunas emociones atávicas, que desde hace mucho tiempo están ahí y te toman la medida cada vez que surgen.

¿Cuántos años tienes? Realmente no es un dato importante. Tu vida es rica en experiencias y te sientes orgulloso de lo que has logrado. Un día fuiste infante. Recuerdas con cariño la voz de tu papá en tus primeros intentos por andar en bicicleta:

—Cuidado, cuidado, hijita. No vayas por allá. Toma este camino y estarás segura. Yo te voy diciendo dónde hay obstáculos. Te acompaño. Vas bien, vas bien.

La gran noticia es que hoy tú eres consciente de que conduces la bicicleta por ti misma, tu única brújula está en tu interior. Todo se centra en ti. El poder del conocimiento, de las decisiones, de tu vida. Este es tu regalo personal.

¿Lo ves? El juego lo tienes tú. En tus manos tienes este libro que además te pertenece. Es hora de lanzar los dados, sacar tus emociones de la caja, y empezar a aprender jugando hacia tu Liderazgo Emocionalmente Inteligente.

◗ Jugar a encontrarte

La heroína percibe sobre su piel un hilo que no debería estar ahí. Con sus dedos y mucha delicadeza, coge la punta del hilo y jala. Es un estambre largo, largo: se enrolla entre sus manos, sus brazos y su cintura. Continúa siguiendo el rastro y ve que el estambre marca un sendero, ¿a dónde conduce?

La heroína puede ver los colores, pero no sabe cómo nombrar tantas fibras que la conforman. Si sigue jalando el estambre, teme destruir por completo la capa que la cubre. Sí, a ella, a la heroína. ¡Ha estado jalando el estambre y se siente más ligera! ¿Acaso esa madeja de hilo es ella misma? ¿Llegará a su interior?

Si fueras la heroína: ¿Jugarías a descubrirte? ¿Qué crees que descubrirás bajo tanto estambre? ¿Las capas te protegen contra algo o te alejan de tu núcleo?

La heroína se atemoriza. No puede decidir si seguir jalando es la mejor opción, pues al mismo tiempo le atraen los colores del estambre y de su interior. Quiere una herramienta o una guía, algún punto de apoyo para definir qué camino seguir.

Entonces nota una caja a su costado. ¿Cómo no la había visto antes si está tan a la vista? La heroína inspecciona la caja. Con cuidado la destapa. De adentro surge una luz y una mezcla de sensaciones que juegan con sus sentidos. ¿Tú también tienes la tentación de indagar más, de ver dentro de la caja?

La heroína retira la tapa por completo y saca un libro… ¡este que tienes en tus manos! Esta es la guía y la herramienta para aceptar el reto y la consigna. Todo comienza con tirar del estambre que la cubre. Ahora tiene que jugar a identificar de qué está hecha, qué la conforma.

Tanto a ella como a ti, por medio de las mismas palabras, se les entrega un recurso para poder jugar. Este recurso se llama Storytelling.

¿Qué palabras usas para jugar con la narrativa de tu vida? ¿Qué estilo eliges para explicar tus sentimientos y emociones? ¿Cómo pintas con cuentos e historias tu experiencia de vida para encontrar otro matiz?

Este es el poder de tu recurso, es la fuerza del Storytelling. Puedes subrayar, sintetizar, profundizar y hacer que tus necesidades y tus deseos rimen.

Heroínas y héroes, aquí comienza el juego. No suelten ese hilo que los llevará a lo largo de este camino en el cual jugaremos. Llegaremos juntos a vivir en bienestar con nosotros mismos y nuestras relaciones, con autonomía y liderazgo utilizando la Inteligencia Emocional como medio y recurso.

Open your Book es la guía para que sientas todas tus emociones. Para que percibas cómo transitan por todos lados de tu cuerpo y de tu vida. No te sueltes. Estamos a punto de comenzar esta aventura.

▶ ¿De qué valores partes para leer y jugar *Open your Book*?

La mirada integral incluye el alma. He aprendido que los valores describen la identidad. Para jugar, todos traemos a la mesa lo que somos y juntos generamos una nueva forma de ser y de estar.

Los valores para *Open your Book* son el fundamento, las bases sólidas que soportan y dan estabilidad a la interacción. Promueven un estándar de comportamiento. Dan dirección y guía. Son la brújula que contribuye a generar una gran experiencia de impacto. Enuncio los que me parecen más importantes:

1. **Humildad.** Lo que fertiliza la tierra. Necesaria para abrirte a la oportunidad de aprender. Si crees que lo sabes todo, no tendrás espacio para nuevas enseñanzas.
2. **Apertura.** Abrir tu libro de emociones no es tarea fácil. Los valientes cuestionan sus propios pensamientos y creencias, reconocen que sus opiniones no son sagradas, y son capaces de contemplar nuevos puntos de vista que ayuden a conseguir sus objetivos.
3. Introspección. Sumergirte en tu interior, buscar en lo profundo, permite reflexionar, descubrir o dar una nueva mirada a lo conocido.
4. **Responsabilidad.** Es tu capacidad de responder, de hacerte cargo de lo que piensas, sientes y haces.
5. **Valora a las personas.** No es necesario que conozcas a las personas, a fin de cuentas, tenemos el mismo creador. Cada persona agrega valor y es necesaria para el sistema. La diversidad nos enriquece, lo que otorga una gran valía a la individualidad de cada ser humano con el que nos topamos en este viaje de la existencia.
6. **Ecología emocional.** Expresarte es tu derecho. Promover con tu palabras y acciones el cuidado de la individualidad del otro es una obligación.
7. **Creatividad.** Permitir encontrar maneras diferentes de expresar o resolver situaciones es válido. No siempre se llega a un lugar por la misma ruta.
8. **Liderazgo.** La capacidad de inspirar mentes y corazones hacia un propósito mayor. Todos influenciamos ¿hacia dónde?, depende de ti.
9. **Gratitud.** Para inhalar es necesario exhalar. Gratitud es el último estado para recibir. Es la valoración de lo material o espiritual que se tiene. Significa compartir para recibir.

10. **Empatía.** Implica la escucha activa, la comprensión y hasta el apoyo emocional hacia otros. Para tener empatía no es necesario compartir las opiniones que justifiquen el estado de la otra persona, simplemente se trata de fluir amorosamente hacia tus semejantes.
11. **Propósito Mayor.** Agregar valor a otros. Reúne en su significado gratitud y generosidad. Es tu huella sobre la tierra. Es compartir lo que se te ha confiado. Es justamente eso que solo tú puedes dar.

▶ Ventajas de aprender jugando

¿Quién dijo que solo los niños o los despreocupados juegan? ¿Por qué nos tomamos todo tan en serio y nunca tan en juego? ¿Quién dijo que jugar era perder el tiempo?

Estamos acostumbrados a que en los juegos hay ganadores. La consigna con este juego es vivir la experiencia. Quiero que te descubras jugando y disfrutando el juego.

Vamos a jugar. Comencemos con una historia feliz. Mi nombre es Edith. Un cúmulo de cuestiones me apasionan. Entre ellas, proponer actividades divertidas para que las personas se conozcan mejor, identifiquen lo que están sintiendo y gestionen sus acciones y reacciones a su favor. Entre mis actividades está liderar sesiones colectivas de mujeres en la ciudad donde vivo y en otras regiones del mundo. En el lugar donde existan personas interesadas en sus emociones, ahí me gusta estar.

Todos los días son para mí un regalo. En su mayoría, las asistentes acuden con alguna sonrisa: tímida, discreta, desinhibida. En fin, siempre se despliega ante mí todo un catálogo de sonrisas y gestos. Tanto ellas como yo estamos alegres cada que empieza una de nuestras reuniones. El buen ánimo se siente, se percibe en el aire y en la buena energía que se respira entre nosotras.

De las diferentes personalidades que acuden a las sesiones, te presento a Mirna. Cuando Mirna llega, suele saludar. Su mecánica durante un tiempo fue exacta: despedirse del esposo que la llevaba en auto y minutos antes de que se acabara la clase, preguntaba cuánto tiempo faltaba. Necesitaba esa información para avisar y que él llegara a tiempo a recogerla. Mirna no conducía un auto ni parecía interesarle.

En las actividades participaba muy poco, era tímida. Si le pedíamos que bailara, se negaba. Su lenguaje corporal hablaba muy claro: no sentía que debía abrirse, no todavía. Le faltaba animarse a destejer el estambre para mostrar sus sensaciones y emociones.

Clase tras clase hacemos lo necesario para entendernos mejor entre todas. Muecas, gestos, expresiones faciales o corporales para aligerar el cuerpo y dejarlo fluir. Este tipo de actividades nos lleva a encontrarnos. Es maravilloso ver cómo el universo se percibe especial cuando tocamos nuestra esencia, la abrazamos y la nombramos.

Mirna cambió después de un par de clases. Hoy descubre las ventajas del juego y se deja llevar. Llega puntual, luce sonriente y más arreglada. Se nota que sabe cómo aprovechar sus atributos físicos. Se ve muy bonita, sobre todo dentro de su auto. Esos últimos días decidió coger las llaves y manejar. Su transformación contagia de alegría y de entusiasmo. Baila, se comunica más, se divierte y participa. Verla desde su genuinidad ha sido uno de los sucesos que más festejamos dentro del grupo. El juego la llevó a descubrirse. A destejer las capas superficiales que escondían su belleza.

Su última sesión dejó una huella espectacular. Fue palpable su cambio de actitud y su identificación con su estado emocional por el trabajo desarrollado.

Mirna es un ejemplo magnífico de cómo podemos crecer en poco tiempo si nos comprometemos y si nos permitimos disfrutar.

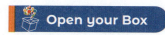

Te invito a que tomes las llaves de tu automóvil. Es permisible llevar música en la radio y una enorme sonrisa en el rostro. Abre las ventanas. Siente el viento y el sol. Conduce por una calle distinta. Observa: es muy probable que descubras algo nuevo.

Open your Book

Primero fue Mirna, después puedes ser tú. Gracias a tantas personas que llegan a mi vida, una madrugada me desperté con una idea brillante en mi cerebro y en mi corazón. ¿Qué es esto? Me tallé los ojos pensando que se trataba de un sueño. A veces es difícil identificar las ideas entre las imágenes que surgen mientras dormimos. Me costó un poco encontrar a qué se refería esa idea, qué debía de hacer con ella, en qué punto de mi vida acompañando personas es que la debía colocar, en fin, hice lo que debemos hacer para encontrarnos y definir qué es lo que estamos sintiendo: me hice preguntas hasta dar con la respuesta. Todo tomó su forma justa y pude ver una caja de colores con un tablero, tarjetas, este libro, un dado y en especial, un mundo de rutas para llegar a tu Inteligencia Emocional.

Así nació este libro *Open your Book* en armonía con el juego *Open your Box*. Se fue armando con disciplina y magia, como un arlequín al que se le van acomodando las piezas y al que cada día fui pintando de colores y de palabras hasta que estuvo listo. Pensé en el Día de Gracias para su llegada: al revisar el calendario, me acordé de la frase popular: "Sin correr, pero sin perder el tiempo". Así que seguí, cada vez más emocionada con la forma que iba tomando esa idea que me robó el sueño y que espero caiga en ti como una diamantina que viene a poner luces donde no había y a marcar una nueva ruta hacia el conocimiento y la comprensión de tu persona. Cuando el camino parecía muy largo, recordaba la frase y lo tomaba con calma. Con este simple ejercicio, las luces se encendían e iluminaban el mapa de nuevo.

Open your Book te invita a hacer cosas diferentes en el camino de tu descubrimiento:

- Reflexionar a profundidad
- Ponerte en los zapatos de los otros
- Entender que los demás son un espejo en el que te reflejas
- Soltar y soltarte
- Llorar
- Quedarte sin palabras
- Darte permisos
- Gozarte mientras hablas o reflexionas
- Experimentar una emoción e identificar el sentimiento que construyes con ella
- Gustarte
- Disgustarte
- Amarte
- Escuchar con atención
- Ser escuchada
- Vivirte y revivirte

- Hacer una nueva narrativa de quién eres y cómo manifiestas lo que sientes
- Saltar
- Despedirte
- Crecer
- Fluir

Open your Book te invita a romper paradigmas:

- No juego porque soy mayor
- Jugar es de gente ociosa
- Jugar es perder el tiempo
- ¿A qué horas juego si me la paso trabajando?
- Jugar es para los que tienen la vida resuelta

El escenario con relación al juego es fácil de describir. Parece que para los más grandes las opciones estuvieran limitadas a ir a los casinos en Las Vegas o a jugar ajedrez. Estoy de acuerdo en que no podemos saltar la cuerda igual que cuando teníamos diez años, pero eso no nos limita a un par de juegos o a no jugar, ¿cierto? Ser formales no significa ser aburridos. Crecer no quiere decir dejar de divertirse.

Jugar es aprender y divertirnos. Mi voto es a favor de que nunca se nos quiten las ganas de jugar. *Open your Book* es para todos: niños, adultos y súper adultos. Es para cualquier persona con sed de conocerse más y de aprovechar sus herramientas, su creatividad y su inteligencia.

Open your Box

Abre tu libro y atrévete a ser libre, totalmente libre como los pájaros o las mariposas. Rompe uno de tus paradigmas. Haz algo nuevo. Te invito a que des brinquitos donde sea que te encuentres. Tal vez hace mucho tiempo que no lo haces. De eso se trata. Respira profundamente. Inhala y exhala. Siente que el estrés fluye hacia afuera, inhala y exhala, siente cómo ahora tienes mucho espacio dentro para que quepa la curiosidad, el descubrimiento, el gozo.

▸ El mundo a veces nos pone de cabeza

A lo largo de la historia, la humanidad ha enfrentado un gran número de contingencias. Cada vez que alguna parte del mundo se pone de cabeza, parece el primer capítulo de la gran alegoría kafkiana. Como en *Metamorfosis*, nos sometemos a una transformación quizás no deseada.

Crisis sanitaria, crisis económica, crisis social. Hay tiempos desafiantes, de reinvención. Para muchas personas significan una gran enseñanza: vivir de forma nueva, vivir con incertidumbre. Por ejemplo, la fuerza de un virus microscópico. Esto nos posicionó frente a la oportunidad de generar nuevas realidades.

Para cada persona la experiencia de adaptación fue distinta. Todos, en mayor o menor medida, nos sentimos vulnerables. Muchas relaciones —de todas las índoles— terminaron. Después de todo, ante lo incierto, ¿cómo podemos planificar? El mundo cortó de tajo con sistemas y estructuras. Los esquemas cambiaron y la consigna global fue quedarse en casa, no visitar familiares ni amigos, no tocarse, mantener una sana distancia de 1.5 a 2 metros. Las crisis nos hacen conscientes de que nada es para siempre y de que nada está asegurado. ¿Pero eso no lo sabíamos ya?

> "Aunque este universo poseo, nada poseo, pues no puedo conocer lo desconocido si me aferro a lo conocido". —ROBERT FISHER

Una de las situaciones que se pone a la vista en medio de una crisis es la desigualdad social. La capacidad de algunos de trasladar su oficina a casa y continuar laborando, contra la imposibilidad de mantener millones de trabajos en empresas y compañías que tuvieron que decir adiós a sus colaboradores. Una contingencia nos mueve de lugar. Nos obliga a encontrar creatividad e ingenio. A muchos los lleva a descubrir talentos sobre sí mismos que desconocían, a experimentar los frutos de la crisis, los que mencionaba Albert Einstein en su famoso texto:

> "Sin crisis no hay desafíos, sin desafíos la vida es una rutina, una lenta agonía. Sin crisis no hay méritos. Es en la crisis donde aflora lo mejor de cada uno, porque sin crisis todo viento es caricia. Hablar de crisis es promoverla, y callar en la crisis es exaltar el conformismo. En vez de esto, trabajemos duro. Acabemos de una vez con la única crisis amenazadora, que es la tragedia de no querer luchar por superarla".

Dentro de esta vorágine de metamorfosis y cambios, una situación difícil también es una excusa para que muchas personas regresen a sus orígenes y a sus esencias. La soledad, el miedo, la incertidumbre, nos empujan a reconocernos y a buscar, con frenesí, nuevas estructuras que nos ofrezcan más seguridad y confianza.

El mundo a veces se pone de cabeza y llega a significar riesgo y peligro. Nuestro interior puede ser una guarida o el albergue de la frustración. El asunto es gestionar esas emociones. Salir de una situación límite implica ir a nuestro interior y abrir la caja que guarda nuestro tesoro emocional.

Cuando te ponen de cabeza, ves tu entorno desde otro ángulo y obtienes otra perspectiva.

Aun cuando en épocas de crisis aumentan los casos de emociones adversas, de forma paralela y opuesta, se incentiva la unión familiar y las muestras de cariño. Si no tenemos ganas de salir o no podemos, encontramos en la tecnología el aliado necesario para atender reuniones familiares y de amistad. Buscamos aprendizajes de nuestro interés y nos volvemos más expresivos para festejar un cumpleaños a la distancia.

Pensemos en nuestros sentimientos en esos momentos. Muchos eligen salir, otros se quedan en casa a esperar que las tormentas interiores y exteriores amainen. Veamos el caso de una joven de 30 años que vivió en casa de sus padres una situación de pandemia mundial. Supo identificar que se sentía desesperada y harta. Pudo haber salido a la calle, a dar una vuelta, a encontrarse con un amigo, pasar del reconocimiento de su emoción a la acción, pero cabe la pregunta: ¿su decisión hubiera sido inteligente? Dada la circunstancia, no.

Entendernos y decidir significa perseguir simplemente lo que queremos para cambiar el estado emocional negativo. La Inteligencia Emocional implica comprender y generar empatía con los otros. Para ello primero hay que identificar nuestras emociones, reconocerlas y aceptarlas. solo así podremos gestionarlas.

Existían más opciones para reducir el hartazgo y la frustración de esta joven. Entendió lo que la molestaba tanto y pudo resolverlo sin salir de casa ni convertirse en un riesgo para su familia. Optó por conectar más con sus amigas por medio de plataformas en internet. Incluso se inscribió en un curso online y llegó a conocer gente con gustos similares.

Cuando somos capaces de etiquetar o nombrar lo que sentimos y reconocer su origen, tenemos un escudo más eficiente para responder a lo que nos ocurre con lo que sucede. Así evitamos reaccionar exclusivamente al entorno. Contrarrestamos los sentimientos de desesperación, ansiedad, incertidumbre, desvalorización y angustia.

Las emociones son de alta intensidad, pero de corta duración. Según especialistas, su duración no es mayor a los 90 segundos. Construimos sentimientos al agregar cognición a las emociones que sentimos. El poder de los sentimientos recae en que su repetición los convierte en estados de ánimo. Es más difícil cambiarlos porque permanecen con nosotros durante más tiempo y definen nuestra actitud. Imagina que una emoción es como el encendido de un fósforo que se consume rápidamente, mientras que los sentimientos son una vela pequeña cuya flama es más constante y de menor intensidad. Si es un estado de ánimo, la vela es más larga y permanece encendida de manera constante por un tiempo prolongado.

Nuestras emociones generan realidades en nuestro cuerpo. Se convierten en palabras y en sentimientos. Pueden quitarnos el apetito o enturbiar nuestra mirada.

Reflexionemos en la joven de nuestro ejemplo durante una pandemia. El bombardeo en redes sociales registró en su cerebro un mensaje certero: "hay que tener miedo ante esta terrible situación". Su mente registró las historias más negativas. Las estadísticas no fueron esperanzadoras. Sucedió igual que lo que hemos visto ante cualquier catástrofe: muchas personas se sugestionan y convierten el menor dolor de pecho en una enfermedad mortal.

El miedo como emoción básica se generó en la joven. La soledad y la angustia entraron por la puerta abierta, dado que ella permitió el acceso. La soledad y otras emociones de baja vibración fueron influidas por los medios de comunicación masiva. Así ocurre cuando algo exterior nos amenaza. Enfermamos de miedo, a menos que tomemos la decisión de proteger nuestro estado emocional.

Toda crisis deja una estela de aprendizaje. Aprovechemos ese estado. Es momento de activarnos y de trabajar en nosotros. Es tu turno. ¿Estás listo para ver tu mundo con otros ojos y aprender sobre algo intangible que siempre ha estado en nosotros? Es la hora de conocernos.

Open your Box

¿Qué sentimientos generaste durante una crisis? ¿Apoyaste a otros o te apoyaron? Todo siempre tiene dos caras o más. A pesar de las cosas deprimentes que escuchamos, existe un eco sobre la frase "vamos a salir de esta". Entendemos que no podemos posponer la vida hasta tener las condiciones perfectas. Lo que no se nota en la tormenta, menos en el sol.

No te quedes en las páginas, el regalo está en leer por dentro y a todo color

¿Qué es la inteligencia?

¿Es la inteligencia una capacidad? ¿Algunas personas nacen siendo más inteligentes o lo desarrollan? La inteligencia no se limita a campos de ciencias exactas. Ser inteligente no es únicamente memorizar los elementos de la tabla periódica y saber cómo reaccionan entre ellos.

¿Alguna vez te has detenido a reflexionar sobre lo que significa esta palabra? Desde su etimología se encuentran dos términos latinos: intus y legere. El primer vocablo significa "entre"; el segundo, "escoger". La interpretación del latín que más me gusta es la de: "leer por dentro", es en el punto en que *Open your Book* toma el sentido profundo de las emociones.

La inteligencia, entonces, es tanto elegir entre opciones, propuestas o ideas, como el hecho de introducirte en ti mismo y descubrir las cartas más valiosas que posees para enfrentar la vida con plenitud. Pero sabemos que la inteligencia va todavía más allá. De manera frecuente tenemos que escoger en la vida a qué hora despertar, qué tipo de leche comprar, cómo decirle algo a nuestra jefa, cuál es el resultado de determinada ecuación.

Para aumentar nuestra inteligencia o nuestra capacidad de elegir con mayor efectividad y certeza, debemos adquirir conocimientos. Si conocemos nuestro horario, definimos una alarma para despertar. Si conocemos los hábitos alimenticios de las personas con las que vivimos, decidimos comprar leche entera o deslactosada. Si conocemos el carácter de nuestra jefa, argumentamos de mejor manera. Con conocimientos matemáticos, resolvemos cualquier ecuación.

Ser inteligente excede el acto de hacer una elección. La inteligencia se refleja también en nuestra capacidad de razonar, planificar y resolver cualquier tipo de problema. La persona inteligente cuenta con la capacidad de pensar de manera abstracta, de analizar ideas complejas y de aprender de la experiencia ajena.

La frase popular: "El hombre inteligente aprende de sus errores y el sabio aprende de los errores de los demás", nos pone a pensar. Es cierto que las personas inteligentes utilizan todo el conocimiento posible —tanto empírico como no empírico— para decidir. La inteligencia puede reflejarse en actos premeditados, pero también puede responder a un impulso definido por el conocimiento con el que se cuenta.

Según la Real Academia de la Lengua Española, la inteligencia es:

- Capacidad de entender o comprender
- Capacidad de resolver problemas
- Conocimiento, comprensión, acto de entender.
- Sentido en que se puede tomar una proposición, un dicho o una expresión.
- Habilidad, destreza y experiencia.

A pesar de que entre los cinco primeros significados se puede construir una definición robusta sobre lo que es la inteligencia, existen muchos huecos y ambigüedades. ¿La inteligencia puede ser un acto colectivo o es exclusivamente individual? ¿La inteligencia se aprende o se construye? Vista desde la Biología, la inteligencia es un rasgo individual pues cada ser tendrá su propio dictamen sobre una situación particular.

"La inteligencia consiste no solo en el conocimiento, sino también en la destreza de aplicar los conocimientos en la práctica". —ARISTÓTELES

Cuando se abre discusión sobre inteligencia, su propósito y su definición, se incluyen otros factores externos que pueden convertir a una decisión tomada de manera inteligente en una decisión incorrecta. Si pensamos en los alcances de la Ética y los comparamos con el campo cultural, muchas respuestas inteligentes no serán suficientes. Pensemos en un matrimonio de una jovencita con un hombre maduro. ¿Es inteligente casarse con una brecha generacional tan grande? ¿Es válido o moral? La respuesta dependerá del entorno, la cultura y la época. ¿Eso le resta inteligencia a la respuesta, considerando que la inteligencia es la capacidad de escoger lo más conveniente? ¿Entre más edad somos más inteligentes?

Para evaluar la presencia de inteligencia en nuestros actos, hemos de apelar a muchos detalles importantes como los factores biológicos, la herencia genética, los rasgos psicológicos y socioeconómicos, entre otros.

Una de las definiciones de inteligencia más aceptadas, porque considera los detalles ya mencionados, es la de Passer y Smith. Ellos, en 2007, concluyeron que la inteligencia es "la habilidad para adquirir conocimientos, pensar y razonar con eficacia, y manejarse en el entorno de modo adaptativo".

Entonces, ¿la inteligencia nos sirve como humanidad para alcanzar el bien mayor? A continuación, una redundancia, ¿usamos la inteligencia a favor de la civilización? Existen personas brillantes, con una inteligencia aguda, cuya creación conceptual no merma sobre el bienestar de la mayoría. Por eso es meritoria una exploración sobre los alcances de criar niños más inteligentes, en todos los aspectos, no solo con notas sobresalientes en la escuela.

En 1905 en Francia, a Alfred Binet, pedagogo y psicólogo, se le encomendó por parte del gobierno francés establecer una medida para identificar a los niños que necesitaban educación especial. En ese entonces la ley dictaba la escolarización obligatoria y el gobierno necesitaba saber a qué se enfrentaba.

Binet y otro estudioso del tema, Théodore Simon, desarrollaron una prueba en la cual comparaban la respuesta de un niño contra la respuesta general que otros niños de su edad habían contestado para la misma interrogante. Con el paso del tiempo, esta escala de medición llamada Binet-Simon se convirtió en la base para diferentes exámenes.

Adicionalmente, Jean Piaget, psicólogo suizo, en conjunto con Binet, buscó respuestas a una pregunta esencial: ¿Cómo se construye el conocimiento? El ser humano busca comprender el mundo y al final todo se trata de irnos adaptando. La contribución Piaget-Binet desarrolla la teoría del aprendizaje que estudia todo aquello que interfiere en el desarrollo del conocimiento. Algo por demás interesante es que el aprendizaje es un proceso que solo tiene sentido en situaciones de cambio. El 2020 nos llevó y nos sigue llevando a la ruptura de esquemas, a cambiar, a ser distintos. Una gran oportunidad para hablar de inteligencia.

Hoy existen muchas pruebas para medir el nivel de inteligencia de una persona. Miden el cociente intelectual, el cual expresa una relación entre la edad mental y la edad cronológica. Sin embargo, estos exámenes se enfocan en el tipo de conocimiento provisto por los sistemas de educación. A saber: inteligencia relacionada a los números, la lógica y las palabras. Estos exámenes dejan de lado la autonomía personal, las emociones y las habilidades sociales. Aparte, según el resultado, dictaminan quiénes tienen una inteligencia superior o una discapacidad intelectual. Este último término repercutió negativamente en muchos infantes. Ya que no entraban en el molde de la inteligencia esperada para su edad, se les segregó y perdieron oportunidades para potenciar su desarrollo fuera de los números y las letras.

> **Open your Box**

¿Has hecho alguno de estos exámenes? Tienes tiempo específico para contestar y las preguntas saltan entre operaciones, secuencias y silogismos. Es un verdadero gimnasio para la destreza mental. ¿Pero qué tipo de inteligencia puede ayudarte a resolver este tipo de problemas? ¿Podrías pedir a tu vecina que no haga tanto ruido para lograr tu cometido?

¿Qué es la Inteligencia Emocional?

Rebeca y Sergio son amigos desde segundo de primaria. En aquella edad sus campos de interés no eran los mismos. A él le gustaba mirar hacia adentro: indagar detalles minúsculos de la estructura de su cuerpo. A ella le llamaba la comunicación hacia afuera: observar las macroestructuras que forman el vivir cotidiano.

Rebeca y Sergio crecieron preguntándose por cortesía cómo estaban. Compartían hechos y pensamientos, pero sin ahondar en uno de los lenguajes más lejanos y complicados, casi romántico: el de los sentimientos.

Rebeca creció y se convirtió en periodista. Comenzó a escribir en un periódico de la ciudad donde vivía, mientras que Sergio se instaló en un hospital como residente. Los separaban muchos kilómetros. Su amistad, sin embargo, no se desvanecía. Cuando se volvieron adultos encontraron un punto en común: cuando se preguntaban cómo estaban, buscaban responder con más palabras que el simple, seco e inexpresivo "bien".

Sergio leyó un artículo de salud mental sobre la importancia de contestar con la mayor exactitud esta pregunta que escuchamos al menos una docena de veces en el día. Nos lo preguntan en la casa, en la oficina, en la calle, en las tiendas. Los dos amigos decidieron utilizar esta técnica para mejorar su relación y su dimensión sentimental. No solo eso, también cambiaron la pregunta:

—¿Cómo te sientes, Rebeca?
—Confundida, emocionada y atemorizada.
—¿Por qué?
—Tengo una entrevista mañana con un funcionario público que ha estado en el ojo del huracán porque reveló cierta información sensible.
—Ya veo...
—¿Cómo te sientes?
—Cansado, harto y hambriento.
—¿A qué se debe eso?
—Llevo 16 horas continuas de guardia.

Ante la regla de describir su estado emocional al menos con tres adjetivos, sus conversaciones eran ricas, descriptivas. Una charla que abría puertas a seguir hablando. Juntos comprendieron más al otro. Al contestar, también descubrieron más de sí mismos. El lazo afectivo entre ambos amigos mejoró bastante. Había confianza entre ellos y se identificaron en muchas sensaciones y sentimientos. Rebeca y Sergio desconocían en teoría los resultados de su nueva práctica, simplemente les encantaba. Sin saberlo, dieron pasos contundentes hacia la Inteligencia Emocional.

Esta es una asignatura pendiente. En la mayoría de las instituciones educativas todavía no se contempla en los programas escolares, y en las escuelas de padres más recientes lo más acercado es hablar de la educación positiva.

Como Rebeca y como Sergio en un inicio, la mayoría contestamos con una respuesta universal "bien" a una de las preguntas más importantes y jugosas: ¿Cómo estás? Por eso la idea de cambiar la pregunta por ¿cómo te sientes? ¿Sabes cuánto provecho podemos sacarle a esta interrogante?

Hay oraciones condicionantes que funcionan por sí solas. Si quieres andar en bicicleta, revisa el estado del vehículo; si vas a viajar a otro país, cuida tus documentos. ¿Entonces por qué para el diario vivir no hemos evaluado nuestro estado? Así como aprendimos los números y los colores, así también deberíamos de aprender de nuestras emociones.

El lenguaje de la mente son los pensamientos. El lenguaje del cuerpo son las emociones. La próxima vez, ante la pregunta ¿cómo te sientes? inhala profundamente, sintoniza con tu cuerpo, toma un tiempo y contesta —tú a ti— con sinceridad.

El concepto de Inteligencia Emocional es joven en apariencia. Textos muy antiguos, como la Biblia, hacen referencia concreta sobre la importancia de reconocer los sentimientos y entenderlos con sabiduría. Cito dos de los más bellos en los cuales el corazón es la casa de los sentimientos:

Pero sobre todas las cosas cuida tu corazón, porque de él mana la vida.
—PROVERBIOS 4.23

La ansiedad en el corazón del hombre lo deprime, mas la buena palabra lo alegra. —PROVERBIOS 12.25

La humanidad es testigo fiel de que las personas nacemos con un paquete integrado de emociones, único e indivisible para cada ser humano. Nadie puede arrancarse el miedo, el asco, la ira, la alegría, la sorpresa, la tristeza.

Allí están las emociones, dentro de ti y de mí, y de nosotros depende hacer una toma de conciencia para tomar decisiones. Una emoción es como un martillo. Es una herramienta que puede ser utilizada para construir una casa, para poner un cuadro hermoso al centro de una estancia, pero también se puede hacer daño con él. Necesitamos estar atentos a lo que estamos sintiendo para crecer y aprender desde ese punto de partida.

Sin duda, este pequeño bosquejo de la importancia de nuestro sentir ha estado relacionado a la historia de la civilización humana. Aquellos que han ahondado en el lenguaje de los pensamientos y las emociones, no eran considerados personas estudiosas o inteligentes. No se les subió en el mismo pedestal que aquellos que dieron con las leyes de la Física. Las personas con un mayor conocimiento sobre sus sentimientos se relegan a un plano más intangible, al de lo filosófico y romántico. No es difícil de entender. Los procesos mentales y emocionales son impalpables. Suceden dentro de nosotros en relación con los factores externos. Las sociedades no estaban listas y poco a poco se han ido despertando en este sentido.

Considerar en otro campo a las personas con Inteligencia Emocional ha evolucionado bastante. Sabemos que hay personas brillantes, pero poco eficientes para desarrollarse con su entorno. Es el caso del científico más conocido e importante del siglo xx, Albert Einstein. Prefería estar en un laboratorio que interactuar con su esposa e hija, incluso en su biografía se remarca que llegó a abandonarlas. Esto es algo que nos cuesta entender: ¿Cómo a alguien tan inteligente le resultó tan complicado entablar relaciones armoniosas? Einstein ha sido uno de los hombres más brillantes de la historia y sin embargo carecía de competencias derivadas de la Inteligencia Emocional.

Hoy buscamos que las personas reflexionen y tomen conciencia de la importancia de conocer y desarrollar competencias de Inteligencia Emocional. Desde el acto reflexivo somos conscientes de lo que somos, de lo que nos pasa, y de las opciones que tenemos a la vista para tomar decisiones y emprender acciones. Mi deseo es contribuir a que encuentres nuevas formas de pensar con las herramientas de este libro. Aprenderás que tenemos emociones básicas, y muchas otras más. Este autodescubrimiento te servirá como punto de partida para llegar al centro de tu Inteligencia Emocional. Las diferentes actividades de *Open your Book* tienen la finalidad de que te acerques sin miedos ni prejuicios a este bello conocimiento emocional.

Te invito a transitar conmigo por la historia:

Charles Darwin, en 1873, publicó una obra llamada *La expresión de las emociones*, en la cual exploró facciones y gestos universales con los cuales los seres humanos representan determinadas emociones. Recopiló información a lo largo de sus viajes alrededor del mundo. Se basó en cuestionarios y preguntas para concluir que tanto jóvenes como ancianos, hombres y mujeres, expresan su sentir (sobre todo el dolor) de forma semejante. A Darwin le agradecemos la clasificación de las emociones básicas.

En 1920 Edward Thorndike, considerado el precursor de la inteligencia interpersonal, presentó el concepto de Inteligencia Social.

Hasta 1966, Barbara Leuner señaló la importancia de establecer una relación entre emoción y cognición.

En 1972, Paul Ekman observó la fiabilidad con la que los miembros de una tribu en Nueva Guinea eran capaces de identificar emociones precisas con solo observar los gestos faciales en fotografías.

En 1983, el psicólogo Howard Gardner nos legó su análisis y su teoría de las inteligencias múltiples. Esta fue la primera vez que se reconocía desde el mundo académico y científico a la inteligencia como una expresión cognitiva plural. Sobre todo, una expresión diversa y enriquecida por la historia de vida de cada individuo.

Gardner consideró que el objetivo de la inteligencia era resolver problemas y crear productos culturales, y agregó otro concepto a la inteligencia: la creatividad.

El aporte de Gardner fue importante porque revolucionó las técnicas de aprendizaje y también igualó la inteligencia o el nivel de esta en cada estudiante o persona. Se consideró que la inteligencia no era una habilidad solo de algunos, sino que todos somos inteligentes desde nuestra área.

En la clasificación de Gardner se contemplan dos tipos muy importantes de inteligencia, antes invisibles: la inteligencia intrapersonal y la interpersonal.

La inteligencia intrapersonal es la capacidad de conocerse a uno mismo y comprender nuestras propias emociones y sentimientos. Esta inteligencia permite a la persona estar consciente de sus puntos fuertes y de sus debilidades para alcanzar las metas de la vida.

La inteligencia interpersonal es "la capacidad de entender a los demás e interactuar eficazmente con ellos". Las aptitudes de este tipo de inteligencia son la alta sensibilidad ante expresiones faciales, gestos, tonos de voz y posturas.

En 1985, en algunos trabajos de tesis, se mencionó de manera escueta lo que significaba la Inteligencia Emocional. Reuven Bar-On mencionó al coeficiente emocional. Una medida similar al coeficiente intelectual de Binet y Simon.

Otra referencia presente en una tesis doctoral, y la que se reconoce formalmente como la primera mención de Inteligencia Emocional, es la de Wayne Payne en 1985. Él estudió cómo desarrollar la Inteligencia Emocional y la autointegración.

En 1989, Stanley Greenspan descubrió que el afecto influye sobre el desarrollo de la inteligencia. De manera individual, Greenspan, Peter Salovey y John D. Mayer, establecieron su propio modelo de Inteligencia Emocional a lo largo de la segunda mitad del siglo pasado.

En 1995, el psicólogo y periodista estadounidense Daniel Goleman publicó su obra *La Inteligencia Emocional*. Alrededor del mundo, las copias del libro llevaron al interior de cada casa dos dudas cruciales: ¿Me entiendo? ¿Entiendo a los otros?

Tanto su obra como la clasificación de Gardner apuntan a una actividad que no se había realizado alrededor del conocimiento acumulado sobre Inteligencia Emocional: su práctica.

La definición de Inteligencia Emocional de Goleman "la capacidad de reconocer nuestros propios sentimientos y los de los demás, de motivarnos y de manejar adecuada- mente las relaciones", denota que todos tenemos una responsabilidad crucial sobre nuestros pensamientos y, por ende, sobre nuestros actos. Esto nos lleva a plantearnos si somos conscientes de cómo reaccionamos debido a lo que nos sucede en nuestro interior.

Open your Box

Obsérvate. Basado en lo que descubre Darwin con su obra *La Expresión de las Emociones*, la próxima vez que estés con alguien analiza tus gestos, de ser posible en un espejo o en la pantalla. Fíjate en tu lenguaje no verbal. ¿Se altera tu tranquilidad cuando te están viendo? ¿Parpadeas, mueves mucho las manos, te rascas la nariz, haces gestos, te tocas el pelo? ¿Qué haces?

▸ Ventajas de aprender Inteligencia Emocional a través del juego

La Inteligencia Emocional nos acerca a nosotros mismos y a los demás. Cuando la aplicamos correctamente nos permitimos tanto a nivel personal como interpersonal disfrutar de un mayor bienestar físico, emocional, mental y de una mejor calidad en nuestras relaciones. Tanto en la vida como en el juego, compartir nos enriquece. Una dinámica de juego con instrucciones y turnos claros nos guía hacia el autodescubrimiento. Nos permite disfrutar de las relaciones y comprenderlas a profundidad.

Las siguientes son algunas de las mejores prácticas para aprender jugando Inteligencia Emocional con *Open your Book* y con su pareja perfecta, *Open your Box*.*

Desarrollo de habilidades sociales

Regresemos al ejemplo de Mirna. A pesar de que probablemente estaba interesada en comenzar una plática con alguien, no sabía de qué manera iniciar la interacción. Cuando estamos jugando es necesario comunicarnos con los demás. Jugar nos relaja y hace las interacciones más fáciles. Precisamente a través de los juegos es que los niños aprenden las reglas básicas de comportamiento social. ¿Recuerdas a las niñas que juegan a la hora del té? ¿O cuando los estudiantes más pequeños juegan a la casita en el recreo? En estos ejemplos están replicando modelos que ven en casa. Al repetirlos, los interiorizan y descubren cómo relacionarse con los demás.

Los deportes son otro ejemplo magnífico de desarrollo de habilidades sociales y trabajo en equipo. De hecho, durante algunos años, expertos en capacitación y contratación de recursos humanos sugerían que se agregara en el currículum si la persona había jugado deportes y que se especificara cuál. ¿Cómo sería tu respuesta a esta pregunta? Está comprobado que aquellos que jugaron tienen mejores habilidades sociales como participación, escucha activa y consecución de metas en colectivo.

Algunos descubrieron sus capacidades de liderazgo gracias a los deportes. Otros su capacidad de colaboración, de empatía, de cuidado personal y

---

* Adquiere el juego *Open your Box* para aprender a gestionar tus emociones en *openyourbox.net* cuidado de los demás. ¿Alguna vez te preocupaste porque alguien de tu equipo encontrara su gorra, su casaca o su balón?

¡Estábamos aprendiendo mucho y ni nos dábamos cuenta… porque nos divertíamos! Esta es la mayor ventaja del juego. Hasta que lo analizamos es que nos percatamos de todo lo que ganamos, incluso si en el tablero o marcador perdemos. *Open your Book* es un indicador de rutas y caminos para identificar tus emociones y gestionarlas. *Open your Box*, un juego en el que nunca se pierde y en el que al ganar exaltas tu identificación personal y abrazas tus emociones. Un juego que siempre te llevará a aprender de ti mismo.

Por otra parte, cuando interactuamos con otros comprendemos la importancia de convivir. Nuestra empatía se fortalece al escuchar, comprender y aceptar a los demás. Si permitimos que el otro se exprese sin juicios, crece nuestra conciencia y nuestras capacidades sociales.

Mirna primero estuvo expuesta a hablar, a buscar maneras de expresión. Después se percató de que congeniaba con muchas mujeres en cuanto a sus historias de vida o sus ideas. Esto la impulsó a desenvolverse más.

Jugando, las personas aprenden a convivir y a escucharse. Esto nos lleva a la siguiente ventaja.

Escucha activa

Sin escuchar, no podemos entender el juego ni comenzar a jugar. Una de las principales funciones que nos enseñan es escuchar. Este sentido salva vidas, definitivamente. Es importante señalar que escuchar y escuchar activamente no es lo mismo. La diferencia vital entre ambos es que el segundo tiene una razón en específico. Busca la comprensión, el entendimiento y la empatía.

Utilicemos de nuevo el caso de Mirna. Las lecciones que se le daban en las actividades podían ser respirar profundamente o pasar una pelota. Aunado a ello, estas acciones cumplían con un motivo: relajarse o agilizar su mente, por ejemplo. Si Mirna solo hubiera escuchado la actividad principal sin el porqué, el juego no hubiera cubierto en su totalidad los objetivos.

La escucha activa nos conduce a ligeros y brillantes descubrimientos. También nos permite responder asertivamente.

Mejor comprensión y capacidad de concentración

Si no conocemos la mecánica, vamos a jugar sin entender el juego y su propósito. Las reglas dan estructura y orden para cumplir con las metas. Conforme crecemos y somos capaces de retener más información, podemos participar en juegos más complejos. Esa es otra ventaja de jugar. Paulatinamente y por repetición, aprendemos a enfocarnos en el aquí y en el ahora. Nos divertimos en la actividad que estamos desarrollando y olvidamos el teléfono celular, los pendientes y a veces hasta preparar la comida. Los juegos nos enseñan a estar en el presente.

Mientras jugamos nuestro cerebro genera dopamina, lo cual produce gozo y felicidad. Al mismo tiempo reducimos cortisol, el ingrediente número uno del estrés. A continuación, veamos algunos de los propósitos de Open your Book.

Aprendizaje del lenguaje emocional a partir de nunca quedarnos sin palabras

Imagina que llegas a una biblioteca y necesitas un libro. No conoces el nombre, pero puedes describir la carátula, la tipografía del título y más o menos la extensión. La persona encargada del lugar intenta ayudarte. Menciona algunas palabras y dudas: no conoces la respuesta. Has estado con ese libro, lo has cargado antes, pero no puedes decir cómo se llama. Te encuentras en un problema. ¿Qué tal si te llevas otro libro pensando que es el que querías? De lo que se trata es de tener claridad con lo que experimentamos y un vocabulario más amplio de emociones para llamar a las cosas por su nombre. Nombrar lo que sentimos al etiquetar efectivamente las emociones, es una forma de regular nuestra emoción.

Eres capaz de expresarte en público

Hemos visto diferentes habilidades sociales como interactuar, empatizar y comunicarnos. Me gusta enlistar a la expresión en público como una ventaja por sí sola. Esto se debe a que engloba muchas de las habilidades ya mencionadas. Las personas con esta capacidad conjugan una expresión clara, concreta, con un alto nivel de empatía y objetividad. Todos nos comunicamos con un propósito específico, ya sea para conseguir un favor, inspirar o expresar una necesidad. Sin la razón o propósito, no hay comunicación. Para el propósito esencial de *Open your Book* lo que funciona mejor es que tu expresión sea veraz y sincera, es decir, desde el corazón.

En esta experiencia contigo la idea es generar nuevas formas de pensar, tanto de manera individual como colectiva: el juego propicia esta capacidad. En el intento de lograr nuestro cometido escogemos las mejores herramientas y nos comunicamos. Los distintos encuentros ocurridos a lo largo del juego implican que los jugadores expresan sus sensaciones y sus opiniones de forma clara ante el moderador.

Desarrollo cognitivo

Cuando jugamos necesitamos atender, escuchar, comprender y ejecutar. Lanzar los dados, identificar tu lugar en el tablero, tomar una tarjeta y darle vuelta. ¿Verdad que jugar implica que nuestro cerebro se ejercite y se esfuerce más? Todo esto incrementa nuestro desarrollo cognitivo.

Cuando jugamos estimulamos la creatividad y la imaginación. Tanto en niños como en adultos, el juego conduce a relacionar acciones con resultados obtenidos.

La humanidad ha utilizado desde hace muchos siglos el juego para motivar a las personas a aprender lecciones, a incrementar su actividad cognitiva y a crear más conexiones cerebrales.

La creatividad es una caja que se abre cuando menos lo esperas. solo tienes que encontrar la llave adecuada. El juego es una gran llave para el aprendizaje. En *Open your Book* tu reto es soltarte y divertirte. Expresarte de manera más profunda y veraz contigo mismo ¿Cómo dices lo que sientes con otras palabras? A partir de la reflexión, identificas nuevas maneras de expresarte. El lenguaje es arbitrario. Los diferentes fonemas no tienen una razón específica. Los aprendemos y los replicamos sin ahondar en los orígenes. A pesar de que la etimología de las palabras no es un proceso tan arbitrario, tampoco conocemos a plenitud qué significa. El juego nos hace reflexionar sobre las herramientas y los medios con los que nos comunicamos. El juego construye un ambiente con más libertad y menos tensión, desde donde podemos escuchar mejor lo que decimos.

A lo largo del juego nos percatamos de formas incorrectas de comunicación que hemos practicado por años. Como estamos jugando, estamos en el territorio ideal para ser honestos desde nuestra narrativa personal, con total libertad, sin excusas. El juego sirve para preguntarnos: ¿Qué mundo estoy construyendo con las palabras y las expresiones? Siempre hay más de cinco formas propositivas y constructivas de expresarnos.

Te sientes escuchado

Gracias a las instrucciones y a los turnos, cada jugador tiene su oportunidad y su espacio para expresarse. Esto pasó, de manera magnífica, con Mirna. No estaba acostumbrada a que las personas se detuvieran por unos segundos para escucharla. Esta atención y escucha incrementa la autoestima de las personas. Las hace sentir con mayor presencia y reconocimiento. Les otorga un lugar único dentro del grupo y del mundo.

He mencionado la escucha activa como una de las ventajas del juego. Sentirse escuchado es la otra parte del mismo ciclo. Recordemos esa frase que tanto educadores como padres de familia adoran: "Trata a los demás como quieres que te traten".

Sentirse escuchado tiene otras ventajas. Una de ellas es saber que a los demás les interesa lo que sentimos o lo que tenemos que decir.

Promueve tu responsabilidad

En este libro, como en la vida, eres responsable de lo que haces con lo que sientes. En el juego aprendemos esta lección, la cual se replicará durante toda la vida de una manera más concisa. Ya que en el juego las consecuencias son inmediatas, aprendemos que todo lo que decimos o decidimos tiene determinada reacción. Nos volvemos responsables en la medida que descubrimos nuestro poder: nos damos cuenta de que nuestra voz y nuestra opinión tienen valor.

Dado que la responsabilidad no solo se refiere a nuestras acciones o decisiones, es vital entender nuestras emociones y hacernos cargo de lo que sentimos. Las emociones son evidencia, síntomas o reflejos de que algo nos está ocurriendo. Con el juego asumimos el reto de expresarnos. Aquí no se vale quedarse callados. Todos venimos a jugar, aprender y a divertirnos.

Dominio propio

"Mas el fruto del espíritu es amor, gozo, paz, paciencia, benignidad, bondad, fe, mansedumbre, templanza; contra tales cosas no hay ley". —GÁLATAS 5, 22-23

Esta es una de mis epístolas favoritas. En ella se nos habla sobre el dominio propio como un fruto del del espíritu, es decir, que hay que cultivarlo y trabajarlo. No es un don que se nos regale, sino que se nos presta para cuidarlo. El dominio propio viene desde adentro. Pensemos en esto como una instrucción que nos atañe a todos por igual. En nuestro interior hay algo que tenemos que cuidar: es nuestra responsabilidad que crezca y que florezca. Piensa en un jardín que quieres que luzca radiante y hermoso, que sea digno de recibir visitas y a tu familia. Entonces tu desafío es formar este bello jardín.

Otra de las ventajas importantes del juego que obtendrás a través de *Open your Book*, es este fruto disfrutable. Escuchar, ser escuchado, atender y ser atendido, pensar y reflexionar: son los ingredientes del dominio propio. Este opera ante cualquier circunstancia que se te presente y con el conocimiento de la Inteligencia Emocional te acercas a tu vida con mayor bienestar y autonomía.

Tú eres el vehículo para disfrutar la vida. La alegría es sencilla cuando las situaciones que se nos cruzan son fáciles, pero si son adversas, desarrollar nuestra Inteligencia Emocional aunado a los recursos internos nos salva de quedar atrapados. Los recursos internos son la fe, las creencias, el entusiasmo y la esperanza. Eres capaz de creer en ti, de aceptarte cómo eres, de hablarte bonito, de reconocer que cohabitamos y que los otros también son importantes. Puedes discernir entre lo verdaderamente importante y lo accesorio. Aprendes a ser intencional, a enfocarte en aquellas acciones que te suman, y a evitar detenerte en aquellas que te restan.

A partir de ahora estás abierto a la posibilidad de participar en dinámicas y ejercicios. El dinamismo y la frescura reducen la distancia o la resistencia a ciertos temas. Con *Open your Book*, como su nombre lo dice, continúas siendo tú, pero te permites fluir, abrirte a nuevas posibilidades, experiencias. No tienes que preocuparte por el tiempo con la misma rigurosidad con que lo haces en la vida. Atrévete a disfrutar con la pasión del niño o la niña que fuiste. Ellos siguen viviendo en ti. Diviértete jugando. Vamos a tomarnos la vida más en juego.

Open your Box

En mis sesiones me gusta romper el hielo, desbaratar los esquemas, quitar el sueño. Renovar el entendimiento para hacer cosas diferentes. Me funciona que impriman su estilo personal a la canción que solía interpretar Paco Stanley en su programa de entretenimiento: "Qué bonito soy, cómo me quiero".

Haz un alto y activa tu energía y despierta la pasión. Disminuye el ruido interno. Baila con la coreografía de un artista en la pantalla. Pon música y brinca, haz ejercicio, toca las puntas de tus pies, canta, respira, aplaude, despierta en la energía que habita en ti, ¡siéntela, es tuya!

6 colores vibran en ti,
listos para ser
identificados
y gestionados

◗ Emociones básicas: las 6 caras del dado

Una emoción es un estado interno personal afectivo, ligado a reacciones variadas y subjetivas al ambiente, acompañada de cambios orgánicos, fisiológicos y endocrinos influidos por la experiencia.

Darwin sin duda aportó algo muy valioso al ser el primero en extraer de su clasificación de especies a las 6 emociones básicas: felicidad, sorpresa, miedo, repugnancia, enfado y tristeza. Las emociones, en los seres humanos y en otras especies animales, son innatas, biológicas y por lo tanto universales. Es preciso anotar aquí la famosa frase de Darwin:

> "Las especies que sobreviven no son las más fuertes ni las más inteligentes, sino las que se adaptan mejor al cambio".

Si te fijas, hay un enlace aquí con la conclusión en el estudio Piaget-Binet, donde establece que el aprendizaje es notorio en situaciones de cambio. Nuestras emociones son producto de nuestra evolución. Esto nos equipara con otras especies animales en el mismo curso del universo, en un mundo vivo que todo el tiempo está en movimiento y que nunca se detiene.

Sin pedirlo, hemos heredado las emociones. Es decir, nacemos con un kit de bienvenida. Poco a poco, a medida que vamos creciendo, acumulamos diferentes experiencias que nos permiten desarrollar un patrón emocional único, específico y personal. Este patrón individual recoge los estímulos que nos provocan cada una de las emociones, nuestra manera de vivenciarlas, las reacciones, interpretaciones, etcétera. Por lo tanto, aunque tengamos un kit emocional común, cada uno de nosotros imprime sus propias tonalidades a las emociones que experimenta.

Queda claro que toda persona es un ser emocional. Las emociones cumplen la función adaptativa, motivacional y la función social o comunicativa tan importante para la supervivencia y para las relaciones sociales. Ahora, con las herramientas y el conocimiento de otros al alcance, podemos acercarnos al propio reconocimiento de lo que sentimos y percibimos.

Intenta recordar la serie de acciones que sigues para cruzar la calle: te aproximas a donde termina la banqueta, volteas al semáforo para ver si es tu turno de cruzar, miras hacia ambos lados, acomodas un pie sobre la calle, luego el otro...

Todas estas acciones son automáticas, ¿cierto? No le dices a tu cerebro lo que sigue por hacer. No te das cuenta de que lo haces. Ahora pensemos que has dado el primer paso sobre la calle y se acerca un auto hacia ti a gran velocidad. Ante el peligro, tu cuerpo manifiesta aceleración del ritmo cardíaco, sudoración, sobresalto, nervios. Toda esta suma de reacciones tampoco es un acto consciente. Las emociones solo aparecen en un pestañeo y frente a una circunstancia en específico. Son de corta duración, pero de fuerte intensidad: recorren todo nuestro cuerpo como consecuencia de los cambios orgánicos, fisiológicos y endocrinos innatos. Cada persona tiene una reacción diferente, condicionada por las experiencias anteriores, aprendizajes, por su carácter y dada la situación concreta.

Las emociones están aquí y ahora. Son para vivirlas, experimentarse y atenderse. Evita negarlas, no intentes escapar: conecta con ellas, hay que conectar con ellas; son indicadores de que hay algo por investigar y explorar en nosotros mismos.

Seguramente has oído hablar de la teoría del cerebro triuno de Paul MacLean, desarrollada en los sesenta, la cual responde a una clasificación basada en la evolución del ser humano como especie. Si bien tenemos a la mano nuevos descubrimientos, la teoría de los tres cerebros nos ayuda a conseguir una visión práctica de las diversas funcionalidades de nuestro cerebro.

Cerebro reptiliano: el cerebro que ha estado en evolución por más tiempo, la parte más primitiva. Nos lleva a solucionar la siempre urgente tarea de sobrevivir. Activa nuestras funciones más básicas para protegernos de posibles amenazas y huir del peligro. Responsable también de algunas conductas inconscientes e involuntarias como la presión sanguínea, la respiración, la temperatura, el equilibrio, entre otras. El cerebro reptiliano no es reflexivo, actúa de manera instintiva buscando evitar el dolor, la preservación de la vida y la reproducción. El cerebro reptiliano ocupa aproximadamente el 5% del total de nuestra masa cerebral.

Cerebro límbico: De acuerdo con la teoría del médico MacLean, el cerebro límbico es el centro de las emociones. Tiene suma importancia en la empatía y la gestión de emociones. Tiene una función muy adaptativa: produce respuestas emocionales y genera un aprendizaje muy importante a través de la experiencia. Reacciona ante los estímulos externos que percibimos con los cinco sentidos.

Cerebro racional: la parte cognitiva es la que nos diferencia de los animales. La que nos lleva a los procesos intelectuales, a razonar, a tomar decisiones y a actuar. Además, el cerebro racional también nos ayuda en los procesos de autoconciencia, reflexión y organización.

El neocórtex, en la zona más superficial del encéfalo, conforma el 90% de la corteza cerebral. Es la parte más evolucionada con la que contamos, pero ¿nuestra reacción ante una situación siempre corresponde al proceso del cerebro racional? Piensa en un arranque de celos que se queda en el coraje o la rabia y detona en una acción desmedida, o en cómo nos sentimos al leer noticias aterradoras en el periódico.

Ahora imagina que vas en tu vehículo y te encuentras en carretera. Escuchas música con tranquilidad. Te sabes bien alguna que otra estrofa, tarareas otros segmentos. Se prende un foquito rojo en el tablero de tu automóvil. Lo notas de inmediato. ¿Cómo no hacerlo si es rojo, intermitente y vibrante?

Sin dejar de ver la carretera, diriges la mirada al foco y lo analizas. Alguna vez viste el manual del usuario de tu auto, pero no aprendiste la simbología al pie de la letra. ¿Qué será ese foquito? ¿Deberías detenerte o continuar? ¿Es una alarma o un recordatorio? Si no descifras qué significa ese foco, no podrás solucionarlo. Después de todo, el tablero y sus señales sirven para alertar o notificar algo importante por atender. Están ahí como pistas para que adaptes tus formas y tu camino al estado de tu vehículo.

Recordemos que las especies que sobreviven son las que mejor se adaptan. Para ello, las emociones nos ayudan sobremanera y tenemos que usarlas a nuestro favor. Piensa en ellas como los focos del tablero frente a ti. A lo largo de nuestro camino en la carretera de la vida, estos focos se irán activando para ayudarnos. La fuerza está en la combinación de emociones y de la razón. En los entornos tan cambiantes, esta suma nos contribuye a resolver problemas, a adaptarnos y a ser más eficaces.

Es similar a comprar un producto electrodoméstico. Al abrir la caja te encuentras con el instructivo. Después de estudiar un poco, sabes qué hacer, qué pieza va con cuál. Y si haces lo que se te indica, el manual resultará útil para tus fines. Si relacionamos la mirada de MacLean a través de su teoría del cerebro triuno, podemos tener un panorama más amplio para entender la función de nuestro cerebro y cómo es que reaccionamos. Las reacciones merecen ser observadas desde la comprensión: tomar consciencia y de manera empática hacer lo mismo con nuestros semejantes.

Las emociones simplemente aparecen. Son la respuesta biológica a diferentes estímulos externos, el ambiente y la interacción, también por estímulos internos causados por la mente conectando con recuerdos, pensamientos, la imaginación y el cuerpo. Las emociones no son ni buenas ni malas. Hasta la tristeza y la ira tienen su función. Son señales y avisos. Las personas generamos patrones de respuesta emocionales.

Una de sus principales funciones es que nos apoyan en el proceso de adaptación y aportan información relacionada con el bienestar. A partir de la investigación en Nueva Guinea y de otros estudios basados en expresiones faciales que representan emociones, Ekman concluye que las expresiones son biológicamente universales y elabora una lista de 6 emociones básicas, y aun cuando en 1990 hace una ampliación de la lista, las emociones paralelas surgen de las básicas, es así como las 6 caras del dado de *Open your Book* son las siguientes:

Alegría

> "Gran remedio es el corazón alegre, pero el ánimo decaído seca los huesos".
> —PROVERBIOS, 17:22

Llega como respuesta a ciertos estímulos que nos producen satisfacción. Experimentar alegría es un motivador que impulsa, llena de energía, despierta la curiosidad. Permite compartir con otros, generar vínculos e interacción. Está muy ligada al aprendizaje, favorece los procesos cognitivos y la flexibilidad mental. Nos induce a la reproducción, a desear con fuerza vivir de nuevo aquel suceso que nos hace sentir bien. La alegría se relaciona con diversión, euforia, gratificación, sensación de bienestar, etcétera.

La alegría se aprecia con mayor claridad en el tono de voz y en las expresiones faciales. Nadie quiere esconder cuán feliz se siente. Nos gusta gritar de gozo y mostrar a los demás lo bien que nos sentimos. Entre los diversos grados de la alegría, identificas algunos momentos en que te has sentido una persona divertida, contenta, en gratitud, sonriente, entre muchas otras sensaciones.

La alegría no se experimenta en un solo lugar. Participan distintas estructuras cerebrales y neurotransmisores. Por imágenes de resonancia magnética los científicos se han dado cuenta de que la alegría se asocia con una mayor actividad en la corteza prefrontal izquierda. El neurotransmisor que suministra los mensajes de placer es la dopamina.

La alegría no es lo mismo que felicidad. La alegría es una de las emociones básicas: la sentimos en un momento concreto durante un tiempo limitado. Mientras que la felicidad es un sentimiento, un estado de ánimo, y suele ser más duradero en el tiempo.

La alegría tampoco es lo mismo que gozo, la alegría es la respuesta a un estímulo externo, mientras el gozo es un fruto interno. El gozo no surge de la circunstancia sino de la convicción, de la certeza mayor que se tiene.

La alegría cumple su función al avisar que lo que se está experimentando es agradable o satisfactorio y que genera motivación para la persona. Considera que la alegría se puede generar, no solo te hace sonreír a ti, también se contagia.

Open your Box

¿Qué sueles regalarte para provocarte alegría? Piensa en algo sencillo o complejo. Puede ser una actividad divertida, relajante, edificante. Tal vez se trata de comer algo o salir de compras o con tus amigos a dar un paseo. Incluso hay quienes disfrutan tanto de ver una película o de leer un libro, que esa simple acción les provoca alegría.

Tristeza

> "El corazón gozoso alegra el rostro, pero en la tristeza del corazón se quebranta el espíritu". —PROVERBIOS 15:13

La tristeza es un estado afectivo decadente que afecta la actividad cognitiva y conductual. Es un dolor emocional donde se experimenta desesperanza, pesimismo y desamparo. La tristeza suele aparecer cuando nuestras expectativas no se ven cumplidas o cuando las circunstancias de la vida son dolorosas. Permite la reflexión, el análisis y el encuentro con uno mismo para desahogarse y soltar. Da la oportunidad de abrirnos a la vulnerabilidad. Una invitación a fluir, soltar y desintoxicar. La tristeza, al igual que el resto de las emociones, puede variar en cuanto a su intensidad dependiendo de una serie de factores externos de carácter personal.

Es una de las emociones que tiende a durar y a veces a estacionarse por largo tiempo en nosotros. A diferencia de la alegría, es común escuchar que alguien se ha sentido triste por semanas o incluso por más tiempo. La expresión en el rostro de alguien triste es identificable como un grito de auxilio. También en la voz se reconoce, incluso cuando la persona no quiera mostrar su estado de ánimo.

En el cerebro, la tristeza activa la amígdala, el hipocampo y la zona occipital. Además, bloquea un neurotransmisor conocido como serotonina responsable de regular el sueño y el hambre.

La tristeza muchas veces está ligada a la sensación de pérdida que, activada por el sentimiento de vacío o carencia de algo, denota el mensaje de "incompletud": la persona siente que le hace falta algo que considera indispensable.

Se tiene la creencia de que la tristeza es una emoción negativa, sin embargo, sentir tristeza contribuye al desarrollo emocional de la persona, porque permite que el individuo se desahogue y supere situaciones traumáticas como pérdidas, desilusiones y fracasos.

Open your Box

¿Qué haces cuando sientes tristeza? Tal vez te duermes en espera de que el descanso restaure tu estado de ánimo. O quizás es lo contrario, entras en un estado de actividad inusitada. La intención de esta pregunta es expresar, soltar aquello que interpretamos con relación a la tristeza. Dilo sin que pase demasiado por tu mente, así será más fresco y espontáneo, lo que probablemente dará más en el clavo de lo que realmente haces cuando experimentas tristeza.

Ira

"El hombre iracundo promueve contiendas. Mas el que tarda en airarse apacigua la rencilla". —PROVERBIOS 15:18

La ira es una emoción que poco se acepta socialmente. Se produce ante un estímulo que se evalúa como peligroso o injusto. Puede sentirse en situaciones internas o sociales. La ira permite establecer límites, ser firme en las decisiones, reaccionar ante abusos o manipulaciones. La ira implica emociones que varían en intensidad de acuerdo con la percepción de la situación y puede llevar a conductas como la evasión, la huida o el ataque, como respuesta fisiológica a la activación del sistema nervioso central. Con la ira, se libera noradrenalina y dopamina y se disminuyen los niveles de serotonina y vasopresina. En el cuerpo se manifiesta con aumento de adrenalina en la sangre, en la actividad cardiaca, en el tono muscular y en la frecuencia respiratoria, y hasta en ese conocido calor en la cara. Esta combinación produce normalmente una elipsis interna donde están presentes sentimientos como irritación, exaltación, desesperación, indignación, entre otros. La irascibilidad puede ser peligrosa, ya que puede expandirse y crecer sin control y hasta llega a tener consecuencias físicas y mentales para la persona que la experimenta o los demás.

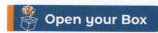

Indaga en tus recuerdos y comparte una experiencia en la que estallaste de ira, ¿cómo recuperaste tu balance? ¿Cuál fue la reacción de tu cuerpo?

Asco

"Los labios mentirosos son abominación al Señor, mas los obradores de la verdad su contentamiento". —PROVERBIOS 12:22

El asco es la emoción más injustamente tratada. Es una fuerte repulsión ante un estímulo que desagrada o disgusta. Esta aversión protege frente a peligros potenciales buscando generar evitación o rechazo.

El asco, como toda emoción, se refuerza con la memoria. En este caso, lo vivido y experimentado con los cinco sentidos genera en nosotros la sensación desagradable de malestar que nos hace imprimir gestos de disgusto o aversión como fruncir el ceño y descenso de los ángulos de la boca.

En el cerebro la ínsula se activa cuando se experimenta asco o cuando se reconoce el asco en otras personas. El sistema límbico (amígdala e hipocampo) son los que procesan la emoción.

Open your Box

¿Qué te provocaba asco de niño? No es de extrañar que lo que nos provoca asco en la infancia prevalezca y que al simple contacto con "eso" la sensación de desagrado ocasione un aumento general en la activación del cuerpo.

Si bien el asco tiene función protectora frente a elementos contaminados o potencialmente dañinos para el organismo, esta emoción también se extiende al ámbito social para evitar determinadas actividades o personas, donde influye directamente nuestra cultura.

Miedo

"El que teme espera el castigo, así que no ha sido perfeccionado en el amor".
—JUAN 4:18

El miedo se siente ante la amenaza o peligro de algo. El percibir que algo o alguien nos puede hacer daño genera desconfianza haciéndonos creer que algo negativo está por ocurrir. La respuesta del miedo es autónoma, es decir, no la activamos voluntariamente de forma consciente. Los expertos establecen cuatro respuestas automáticas: huida, defensa agresiva, inmovilidad y sumisión.

La respuesta cerebral al miedo está en la parte más primitiva: el cerebro reptiliano. La amígdala está relacionada con esta emoción. A este pequeño órgano se le conoce como el centro de identificación de posibles peligros, y está especialmente configurado para ponernos a salvo ante los posibles peligros.

El corazón es de los primeros en enterarse del miedo: incrementa su ritmo cardiaco y la respiración se acelera. El miedo nos invita a escapar, huir, salvarnos de aquello que nos atemoriza.

No todo lo que nos produce miedo representa riesgos mayores. Esta emoción la hemos tenido como apoyo de sobrevivencia en nuestra evolución como especie.

Sentir esta emoción generalmente causa un gran malestar. Ante los miedos solemos actuar de una forma evitativa para no tener que enfrentarnos a ellos. Ahora puedes elegir reconocer el mensaje y saber si lo que deseas hacer, vivir o experimentar realmente es un riesgo o solo te está evitando salir de tu zona de confort. Si te atreves a observar tu miedo, reconocerlo, gestionar tu emoción, llenarte de esperanza y entusiasmo, tus posibilidades de éxito aumentan.

> **Open your Box**

¿Te desagrada experimentar miedo?
¿Te gusta sentir miedo con una película de terror, por ejemplo?
¿Recuerdas tu última sensación de miedo y qué hiciste con ella?
Describe lo que te lleva a sentir esta emoción.

Sorpresa

> "Nada te turbe, nada te espante, todo se pasa". —SANTA TERESA DE JESÚS

La sorpresa es la más breve de las emociones. Se parece a un relámpago. En un instante, algo nos sorprende y paulatinamente surgen otras sensaciones.

Recuerda las expresiones de alguien que se ha sorprendido. ¿Qué imagen se te viene a la mente? Quizá lo más característico de esta persona sea su expresión facial, las cejas y la elevación del párpado superior. Sigue pensando: se dilatan sus pupilas, la boca se abre más de lo habitual con el asombro. Y podemos recordar hasta la presencia de sonidos o palabras.

Esto sucede porque en la sorpresa se dan dos tipos de activaciones fisiológicas: la activación del sistema nervioso autónomo, donde se disminuye la frecuencia cardiaca y se produce la dilatación de nuestras pupilas. Y la activación del sistema somático, que genera un incremento momentáneo de la actividad neuronal.

Si se nos pide que hagamos una lista de las emociones más importantes, es probable que olvidemos la sorpresa, pero es muy importante ya que facilita la curiosidad y el aprendizaje.

Como en el ejemplo de los focos en el tablero, ver o enterarnos de que algo espontáneo se encendió no asegura nuestra adaptación. Es necesario gestionar lo que prosigue con ese aviso. Tenemos que identificar y gestionar nuestras emociones.

Open your Box

Un juego compuesto por puntos para reunir en una sola experiencia varias emociones. Lee con atención el siguiente caso:

Una persona se siente lista para emprender un nuevo proyecto. Si cada emoción tiene el valor de 1 punto y el proyecto requiere 10 puntos: ¿Cómo construir ese 10? Haciendo cuentas, tiene 3 puntos de sorpresa: la expectativa por iniciar algo nuevo. Quizás algo de incertidumbre y un poco de anticipación. 3 puntos de alegría: el gusto de atreverse a romper el cerco, la decisión de arrancar, lo bien que se siente al intentarlo. 2 puntos de miedo: ¿Saldrá todo bien? ¿Lo lograré? 2 puntos de tristeza: recortar tiempos a la familia para dedicarlos a una nueva encomienda puede producir desolación o un ánimo triste.

¿Ves claramente de qué se trata? Se trata de una mezcla de emociones que conjugan toda la energía que se genera con ese proyecto.

¿Estás listo para hacer el ejercicio de los puntos ante tu idea de edificar algo nuevo?

Llamar a lo que sentimos por su nombre

Alicia es una joven entusiasta y carismática. Como cualquier persona de su edad, quiere recorrer el mundo y acumular experiencias. Todo eso está muy bien, salvo que Alicia tiene una enfermedad grave.

Todavía sentada en la sala de espera, piensa que se trata de algo leve, sencillo de resolver. Intuye que no es normal lo que está experimentando. En otro sentido, quiere evadir el problema y relajarse. Se dice: "Soy muy joven. Estaré bien".

Está atemorizada, pero no lo va a aceptar porque ni siquiera es consciente de su sentir. La doctora abre la puerta y la llama dentro del consultorio. Alicia recoge sus cosas y camina erguida y sonriente: "Voy a estar bien".

La doctora hace una revisión general. No emite ningún gesto o mueca. Después toma los análisis que le enviaron del laboratorio al que Alicia acudió previamente. Los relee para saber exactamente qué decir.

—Lo que tú tienes es algo muy normal entre las mujeres latinoamericanas, Alicia. Tienes cáncer cervicouterino. Se derivó de una infección no atendida.

Alicia se queda congelada. No se puso atención y ahora es demasiado tarde. ¿Cáncer? ¿A su edad? Ha escuchado de mujeres que lo han padecido, pero generalmente son las madres de sus amigos. Siempre mujeres más grandes.

Alicia tiene unas inmensas ganas de llorar. Se siente como la persona más disminuida del mundo. Se golpea levemente los muslos. Finalmente, no puede impedirlo: llora. Está muy molesta con su falta de prevención y previsión. Está asustadísima. ¿Significa que se va a morir?

La doctora ha visto esta situación otras veces: una persona en la cuerda floja, completamente aterrada ante el futuro. Conoce los argumentos y las quejas de sus pacientes. Muchas se lamentan por no haber atendido las peticiones de los doctores cuando les recordaban sus citas anuales; otras no saben cómo se lo dirán a sus familias; muchas se sienten culpables con sus seres queridos por causarles ese dolor.

El caso de Alicia, como todos, es único. Llama la atención la evolución de su caso: es joven y la formación del tumor maligno fue muy rápida. La ginecóloga se preocupa por quién estará para apoyarla, cómo va a proceder de aquí en adelante, qué actitudes o decisiones se recrimina en un momento así.

—¿Me voy a morir? —es la primera pregunta de Alicia.

Este es el tipo de respuestas que una doctora no puede contestar. Ningún doctor, doctora, médico o ser humano podría. Todos moriremos. Si una circunstancia en específico provocará nuestra muerte, nadie lo puede asegurar completamente.

—No sé si te vas a morir, Alicia. El cáncer está avanzado, pero no es muy agresivo. Tuviste algunos síntomas que no atendiste, ¿estoy en lo correcto?

—Sí, es cierto. Lo pospuse porque jamás creí que me pudiera enfermar. ¿Y ahora qué sigue?

Los enfermos tienen prisa. Están ubicados en la zona de urgencia, donde varias sensaciones de alerta se juntan.

—Ahora lo que sigue es empezar los tratamientos para que te recuperes.

Las palabras de la ginecóloga animan levemente a Alicia.

—¿Entonces sí cree que me pueda recuperar?

Antes de contestar esa pregunta, la doctora tiene otra.

—Alicia, ¿cómo te sientes?

La joven pasa saliva y se aprieta los brazos.

—Tengo mucho miedo.

El rostro de la doctora se relaja y en él surge una sonrisa.

—Eso es bueno, Alicia. Significa que vas a sobrevivir. Empecemos con todos los tratamientos. Te vas a salvar.

La especialista de la salud sonríe con ternura. Es arriesgado asegurar algo así, pero se deja llevar por su intuición. Con base en su experiencia, sabe que aquellas personas que se asustan y lo reconocen son las que tienen más posibilidades de sobrevivir. Siguen las instrucciones, se cuidan excesivamente, se se protegen con mucho ahínco. El tipo de miedo que Alicia presenta la impulsará a escucharse y cuidarse. No va a permanecer quieta viendo su vida pasar. No se va a quejar eternamente.

El miedo es una emoción básica que surge para que estemos alertas y nos protejamos. El miedo sincero y predominante de Alicia la llevará a tomar decisiones exclusivamente encaminadas a mejorar.

—¿Voy a estar bien? —pregunta Alicia.

La doctora ya está buscando la información que su paciente necesita para que reciba atención y tratamientos.

—Estarás muy bien. Te vas a salvar.

Open your Box

Como Alicia, la idea es que descubras lo sanador que resulta nombrar a tu emoción. No la guardes, no la escondas. Al nombrarla, sentirás cómo el alivio de haber identificado lo que sientes se queda en tu cuerpo y en tu ánimo. De eso se trata esta dinámica de Tiempo Fuera. Si tienes ira, miedo, tristeza, o cualquier emoción, asómate a la ventana y dile al paisaje lo que sientes. Si sales de ver a una persona importante y no te ha ido tan bien como esperabas, o te ha ido estupendamente y no cabes de la alegría, grita en el auto y saca la emoción. Pon un cojín en una silla y elige a la persona: como si estuviera ahí, di lo que sientes. Asume tu liderazgo sobre el cómo responder a tus emociones y qué hacer para gestionarlas.

▶ Los 6 pasos para liderar tus emociones

¿Nuestras emociones son buenas o malas? Como en el caso de Alicia: ¿Es bueno que sintamos miedo o sorpresa? ¿Tenemos que rechazar la ira y la tristeza porque son malas?

La experiencia de una emoción involucra un conjunto de cogniciones, actitudes y creencias sobre el mundo. Utilizamos todo esto para interpretar la realidad, valorar una situación particular, direccionar nuestras actitudes y comportamientos. Las emociones son respuestas a ciertos estímulos que surgen para apoyar nuestra adaptación y asegurar nuestra supervivencia. El miedo y la ira no son malas. La alegría tampoco es buena.

Aplazamos la tristeza lo más posible. Decimos que nos encierra y nos vuelve fríos. A veces sucede lo mismo con la ira, porque entendemos que nos acalora y nos ciega. Nos hace actuar sin control. Limitamos también el asco para no cometer una grosería contra alguien más. Nos parece una emoción descortés. La sorpresa, dependiendo del estímulo, puede petrificarnos o hacernos reaccionar con gozo. Se nos ha enseñado a provocar ciertas sorpresas. Otras están prohibidas para no lastimar a los demás. Esto nos distrae un poco de la verdadera razón de las emociones básicas.

El ejemplo de Alicia nos lleva a hacer un análisis. ¿Te das cuenta de que todas las etiquetas que colgamos a las emociones son en relación con nuestras reacciones?

Favorece transformar el juicio de buenas y malas para otorgarles una valencia positiva o negativa dependiendo de nuestra percepción o lo que se consigue con ellas. Por ejemplo, en el caso de Alicia diríamos que su miedo fue positivo dado que salvó su vida.

La alegría solemos asociarla con el entusiasmo, los logros, la acción. Decimos que es positivo estar alegre: promueve efectos cerebrales benéficos para nuestro bienestar.

Las emociones no pueden ser vistas como fenómenos individuales. Los seres humanos somos seres sociales y por esto es importante entender que con cada emoción o sentimiento viene una gran responsabilidad.

El objetivo de este libro es que nos hagamos cargo de lo que sucede en nuestro cuerpo, mente y corazón. De nuestra actitud y conductas con nosotros mismos, los demás y la vida misma. A nivel de juego, buscamos que cada jugador se dé cuenta y gestione lo que le sucede. Todo esto con el fin de obtener mayor bienestar físico y emocional. De que se conozca mejor, se aprecie a sí mismo, se valore y se acepte en la versión que ahora tiene y si fuese necesario se motive a hacer los cambios que elige hacer. Que mejoren la calidad en sus relaciones: consigo mismo, con los demás, con el creador. Que crezca su motivación y entusiasmo.

Me remito al pasaje bíblico en el cual Jesús le dice a un hombre después de haberlo sanado: "Toma tu lecho y anda". ¿Nos damos cuenta de la sabiduría que hay en esta frase? Si asumimos que nuestras reacciones emocionales son fruto de un proceso de condicionamiento aprendido, podemos comprender la importancia de prestar atención a este proceso.

No podemos huir de nuestras experiencias, de las emociones, ni de los sentimientos. Son parte de nuestro organismo y de nuestra humanidad. Somos responsables de lo que sentimos, hacemos y decimos. Tenemos que tomar nuestro lecho —nuestro contexto y nuestro kit de emociones— y andar. Continuar aprendiendo, fortaleciéndonos y liderando lo que nos sucede.

Las emociones son inevitables. Nos ayudan a comprendernos mejor. Podemos obtener mucho bienestar si las conocemos. Llegan a nosotros en cualquier segundo, inclusive mientras dormimos. Si no podemos evitar que lleguen, sí podemos hacernos responsables y elegir qué hacer con ellas. Quiero compartir contigo los 6 pasos para liderarlas y responsabilizarnos de cómo nos sentimos. Lo más importante para empezar es hacer una pausa, centrarnos, tener una actitud de apertura. Funciona hacer varias respiraciones largas, profundas.

1. Identifica cómo te sientes
Aquí es cuando la emoción primaria aparece. Un estímulo, una situación, provoca que en nosotros se genere una emoción. Este arrebato nos produce "algo". Si estamos en medio de una conversación o trabajando y sentimos tristeza, nos detenemos, aunque sea un par de segundos. El primer paso es hacer una pausa y observarnos.

2. Definir qué estamos experimentando en nuestro cuerpo
No todos reaccionamos a las emociones de la misma manera. Hay algunas personas que cuando se molestan quieren gritar, otras pueden llorar, otras quieren morderse la lengua. Las reacciones son producto de nuestro desarrollo individual: frente al contexto cultural, familia, sociedad. Cada persona tiene un filtro a través del cual percibe la realidad. Atender con precisión qué se genera en nuestro cuerpo cuando experimentamos las emociones, nos ayuda a conocernos.

3. Identificar nuestros pensamientos
Si una emoción sucede y no la atendemos nos distrae, pero no obtenemos la información suficiente para entender el mensaje. Por ejemplo, imagina que sientes miedo por una situación específica como una mudanza o un cambio en el trabajo, pero no atiendes la emoción. ¿Qué crees que pase? ¿Comprendes que este cambio te atemoriza? ¿Piensas en tomar algún tipo de acción? ¿Sigues bloqueando la emoción primaria porque consideras que te puede limitar?

Lo más sensato y saludable que podemos hacer con cualquier emoción es entenderla e identificar qué pensamientos está generando en nosotros:

- "Extraño mi casa anterior"
- "Temo estar en un barrio que desconozco"
- "No sé si soy buena para este nuevo puesto"
- "No quiero que me despidan"

Si sabemos qué estamos pensando y no solo bateamos las señales de nuestro cuerpo y mente fuera de nuestro campo, estaremos listos para el siguiente paso:

4. Revisar cómo solemos reaccionar ante la emoción

La tendencia a la acción es la forma en la que generalmente actuamos frente a determinada emoción, estímulo o situación. Junto con reconocer cómo nuestro cuerpo y nuestra mente experimentan la emoción, revisemos cuáles son las primeras acciones que llevamos a cabo (ya sea de forma consciente o inconsciente). Sé de muchas personas que se ríen cuando se sienten amenazados o contrariados; también hay muchos que cuando se sienten alegres lo gritan a los cuatro vientos.

Conocer nuestras reacciones nos previene de conductas y posturas que solemos asumir y que nos limitan para nuestro sano vínculo con el entorno. Pensemos en el caso de una mujer que camina con su hijo de la mano por la calle. Un desconocido se acerca y los asusta. La mujer lo golpea inmediatamente en la cara. Así actúa ella cuando tiene miedo: golpea y grita.

El patrón de respuesta de esta mujer responde a su instinto de protección: camina con su hijo y lo quiere proteger de cualquier amenaza. ¿Esta mujer puede controlar su comportamiento? En este caso es muy difícil contestar ya que la mujer reacciona, como todos, instintivamente.

Pensemos en un caso más sutil. Un hombre que teme al compromiso suele terminar sus relaciones por el miedo que le provoca que sus sentimientos y su relación salgan de sus manos. Este hombre se acerca a sus cuarenta años y sufre mucho porque se siente solo e incapaz de tener un noviazgo.

Si este individuo se atreve a revisar cómo suele reaccionar, estará dando un gran paso. Al animarse, se percata de que aleja a los seres que más ama por temor. Se da cuenta de que no está analizando su conducta y que no se está permitiendo vivir una serie de experiencias en la cual dos personas son responsables, no solo él.

Si analizamos nuestra tendencia a la acción o la manera en que reaccionamos nos conocemos mejor y somos capaces de gestionar nuestras emociones.

5. Qué necesidad, meta o interés se satisface con esta emoción

Como ya sabemos, las emociones surgen ante una circunstancia y cumplen una función particular. ¿Pero siempre sabemos cuál meta o interés se satisface al sentirla? Sinceramente, no. Puede ocurrir que nuestra emoción básica esté relacionada con una inseguridad interna o externa. La ira, por ejemplo, ante no ser invitados a una fiesta con nuestros amigos, ¿a qué se debe exactamente y para qué surge? Podemos hacer una rabieta o interiorizar que nos enojamos porque creemos que nos están excluyendo. Entonces el propósito de nuestro arranque de ira es darnos cuenta de lo que realmente causa molestia en el interior, gestionarlo y tomar acciones asertivas.

Las emociones no se anticipan ni avisan. No podemos asegurar si en diez minutos estaremos alegres o sorprendidos, pero sí las podemos promover. En algún tiempo, tuve días con ánimo decaído y decidí ver videos motivacionales, correr, meditar, entre otras cosas. Eso me ayudó a incrementar las emociones favorables para reducir la ansiedad.

Entender qué meta satisface nuestra emoción es clave para liderar y aprovechar lo que sentimos, es decir, para sacarle jugo. Al surgir, muchas emociones nos hacen entender aspectos que desconocemos. Como cuando sentimos tristeza por cierta pérdida, comprendemos que sentíamos apego hacia determinado elemento o persona. Su propósito, al hacernos conscientes y entenderlo, es percatarnos de algo que nos ocurre.

Descubrir qué necesidad, meta o interés se satisface con nuestra emoción es el quinto paso porque forzosamente necesita del conocimiento previo. Este paso exige análisis y claridad. Implica sinceridad personal y aceptar lo que sucede en nuestro interior y de lo que a veces no somos conscientes.

6. Asumir la responsabilidad de qué elijo hacer con lo que pienso, siento y hago ante una emoción

Ya entendimos cómo se siente, qué lo provocó, cómo se manifiesta y para qué surgió. Después de ¡ya veo, me doy cuenta!, ahora lo que sigue es ser responsables y elegir qué hacemos con lo que pensamos y sentimos. La emoción es información: lo que hagamos después es lo más valioso del proceso de este aprendizaje. Es como traer luz a una habitación oscura.

Muchas de las conductas, acciones y posturas que decidimos son socialmente aprendidas o motivadas por el entorno y la cultura. Suceden y no pueden borrarse. No hay forma de regresar en el tiempo e impedir la manera en la que actuamos en su momento, pero la buena noticia es que en el presente sí podemos transformar la percepción de la emoción de esa experiencia.

En el proceso de asumir mi responsabilidad, trato de no perder de vista esta secuencia: siento, pienso y actúo. Asumir la responsabilidad de lo que sucede en nosotros repercute de manera positiva en nuestra vida. Las emociones no tienen valencia, pero en la medida que las gestionamos se da un encuentro genuino con nosotros y con los demás. *¡Tomemos nuestro lecho y andemos!*

Open your Box

Juguemos a aplicar estos 6 pasos para liderar tus emociones. Elige una experiencia. No importa cuál sea sino el ejercicio que desarrollarás al respecto. En el siguiente recuadro contesta cada pregunta y responsabilízate por lo que sientes.

Identifica una emoción recurrente en ti ante cierta circunstancia para que puedas analizarte mejor. ¿Cómo cuando no están de acuerdo contigo? ¿Cómo reaccionas cuando no aprueban tus proyectos en el trabajo? ¿Qué sientes cuando tus hijos no quieren hablar contigo?

Elige una experiencia	
Identifica cómo te sientes	
Define qué estás experimentando en tu cuerpo	
Identifica tus pensamientos	
¿Cómo reaccionas ante la emoción?	
¿Qué necesidad, meta o interés se satisface con esta emoción?	
¿Cómo elijo actuar ante esta emoción y cómo me responsabilizo?	

Por cierto, hay que nombrar nuestra emoción con su respectivo nombre. He escuchado muchas personas que me dicen que "están hasta el gorro" o que están frustradas. Su emoción básica podría ser tristeza, miedo o ira. Por eso hago hincapié en la importancia de identificarla correctamente. Si acertamos en este primer paso, este ejercicio nos servirá a plenitud.

Para comprobar qué emoción en específico nos hace experimentar siempre los mismos detalles particulares, piensa en la misma emoción bajo diferentes circunstancias. Este ejercicio te está ayudando a detectar una emoción a nivel corporal y físico: la resonancia en tu cuerpo de lo que sientes. Pregúntate en qué parte lo sientes, cómo se siente, qué tan intenso es.

La finalidad de que contestes este recuadro con preguntas es que tomes acción con lo que te sucede, que seas líder de tu proceso emocional. También es válido decidir no hacer algo. Es decir, que conscientemente tu solución sea no tomar acción. Todo se vale cuando se trata de gestionar las emociones a tu favor.

En una sesión, una mujer me dijo: "Así me quiero quedar". No se encontraba lista en ese momento para las implicaciones de un cambio como posible solución. Es completamente aceptable detenernos para evaluar lo que puede suceder si decidimos tal acción. Lo que va en contra de nuestra naturaleza es asumir un rol de víctima y estacionarnos en él, o no realizar lo que más deseamos porque nos congelarnos por el miedo.

Te invito a que gestiones tus emociones y te hagas responsable de mejorar el cómo reaccionas ante ellas. Entre más practiques este ejercicio, más fácilmente se convertirá en un hábito positivo para tu vida.

Un cuento a la vez para brincar la cuerda y abrazar mis emociones

▶ Cuentos para subir la escalera de tu gestión emocional

Siguiendo el espíritu dispuesto a jugar de *Open your Book*, te presento una serie de cuentos. En ellos encontraremos a cada una de las emociones básicas como protagonistas, provocadoras de cambio y catalizadores de mejora.

Te sugiero disfrutarlos con la atención de un niño que escucha para involucrarse en su juego favorito.

Narushi

Existió un sol nocturno que rompió las reglas y olvidó su tarea porque prometió, con todo su fuego interno, cuidar y velar de una flor. Existió un desierto repleto de cardos altos y violetas que seguían a las estrellas y se dejaban mecer por el viento. Existió también la ceguera y la confusión. La existencia de tantas constantes, hechos y sentimientos es la evidencia de que hubo vida.

En un desierto kilométrico de dunas, se extendía un bello e insospechado campo de flores. Surgía por las mañanas y alcanzaba su punto máximo de altura a medio día. Abría sus tiernos capullos y desplegaba sus hojas del tallo como si fueran alas.

En el cielo convivían los soles y las estrellas. Uno de ellos era joven y pequeño. Exploraba el nuevo mundo que habitaba. Decidió que le gustaba ese desierto más que ningún otro paisaje que hubiera observado en sus primeros cien días de vida estelar. Este sol era juguetón y presumido. Sus rayos eran más potentes que los de los demás astros. Las otras estrellas permanecían juntas para alumbrar áreas muy oscuras de los planetas. Al sol le bastaba consigo mismo. En sus viajes, descubrió que había mares negros e impenetrables. También selvas de árboles frutales y con todo tipo de animales. En las montañas se almacenaba hielo, el cual regresaba el reflejo de los astros. Las estrellas gozaban de verse en un espejo. En el desierto, el sol se quedaba pasmado: esas flores significaban miles y miles de pequeños soles feroces. Cada uno cumplía con un delicado ciclo de horas.

Cierta mañana, el sol notó que había una flor nueva, un poco más violeta que el resto. Para el sol aquel detalle fue suficiente. Detuvo su camino estelar y contempló el nacimiento de la flor. El viento diurno trajo un nombre y al sol le pareció adecuado: se llamaría Narushi.

El sol extendió uno de sus rayos y los colores de Narushi resplandecieron. Las demás flores se alegraron con el acto. ¡Una de las estrellas más altivas se había detenido para observar su desierto! El nacimiento de Narushi fue un evento memorable.

El sol prometió que cuidaría siempre de aquel valle de arena. Quería cuidar, velar y proteger a su flor. Si algún animal intentaba comérsela, él iba a alumbrar fuertemente sobre la bestia. Si Narushi tenía frío, él se comprometía a calentarla con un rayo suave. Si la flor olvidaba levantarse una mañana, él la guiaría a la superficie.

El sol estaba contento. Su compromiso lo impulsaba a alumbrar con más ímpetu. Lo que el sol no sospechaba era que su juramento lo había condenado a la permanencia y que a la flor la condenaba a un ciclo distinto que el que le correspondía por destino.

Se convirtió en un sol estático. No dormía ni se movía porque deseaba ver y cuidar a Narushi. Se conmovía con el más ligero movimiento de la flor. Los cambios estelares y terrenales no se hicieron esperar. Por la cercanía del sol, el desierto adoptó colores más dorados y rojizos. El bello espectáculo de la metamorfosis de las dunas tenía hipnotizado al sol, al grado que olvidó el hielo y los profundos mares.

Cierta noche su cansancio fue mayor y decidió dormir. Cuando se despertó para buscar a su flor, no la encontró. El sol alargó sus rayos como nunca lo había hecho, ni siquiera para descubrir si debajo de las olas existía un fondo. Revisó la arena y las dunas. Alumbró cuevas. Narushi, junto con otras flores, había desaparecido.

El sol palideció. Narushi había aprendido a crecer para después partir. El sol estaba triste porque supo que no volvería a ver una flor tan bella como su flor. Pero este es el ciclo de cada ser de este hermoso mundo: salir a disfrutar del sol en la bóveda celeste, para luego sumergirse y buscar el sol dentro de la tierra.

El sol dejó de alumbrar y la nueva generación de flores se pigmentó con tonos pálidos. Las otras estrellas se impactaron ante un nuevo desierto permanentemente azulado. Ninguna estrella, flor o grano de arena supo cómo explicarle al sol que su tristeza era una interferencia con el ciclo sano de los demás.

Las otras estrellas estuvieron obligadas a iluminar con más fuerza para suplir la falta del triste sol, hasta que él se dio cuenta de que había dejado de lado su necesidad por un deseo.

El sol reconoció que necesitaba el movimiento y tenía que ayudar a las demás estrellas. Había enfocado sus rayos en un solo sitio perdiendo de vista su función integral. Abatido con el descubrimiento, se sumió en su interior y se percató de que su luz interior había cambiado. No era tan vigorosa ni brillante como antes. A pesar de esto, las estrellas todavía lo necesitaban. Finalmente, el sol decidió seguir siendo Sol.

Pensó en Narushi y el recuerdo de sus pétalos violetas lo motivó a emitir más luz. Pensó en aquel valle precioso y supo que no se trataba de su flor. Siguió alumbrando hasta que las flores se pusieron moradas nuevamente. Junto con los demás astros, el sol volvió a recorrer el mundo. Así el mundo consiguió adaptarse a un nuevo ciclo.

La luz azul quedó detrás, pero permaneció para el sol como un recuerdo. Si sintió tristeza por su flor fue porque su flor existió. Si sintió tristeza por su valle, fue porque amaba aquel desierto de dunas. Si sintió tristeza, fue porque el sol era capaz de sentir. Al final entendió que no hay evidencia más palpable de los rayos del sol que su calor. Y agradeció a Narushi brillando para otras flores y llevando a cabo su tarea de iluminar al mundo.

Open your Box

¿Te has percatado de qué efecto tiene la tristeza en ti? Siguiendo la historia del sol: ¿Cómo te escondes? ¿Silenciosamente en tu interior o maquillas lo que sientes con comicidad y exceso de actividad?

La tristeza significa que sentimos algo muy fuerte por algo o por alguien. Puede ser amor, compañerismo o posesión. La tristeza se provoca por una sensación de pérdida que nos deja suspendidos por un instante en el universo sin saber qué hacer. El sentimiento de pérdida se puede experimentar incluso a partir de una expectativa no cumplida.

La espada de Serena

Serena era una bella princesa de ojos color azul. Aparte de aquel precioso color en su mirada, había heredado el reino. Lamentablemente sus padres fallecieron cuando ella tenía 16 años. Le correspondía reinar con el temple característico de sus progenitores. Pero Serena no sabía cómo.

Sobre ella existía una tremenda amenaza. Para ser coronada reina tenía que atravesar un bosque oscuro y llegar al palacio de las joyas. Ahí tenía que enfrentar a un dragón y demostrar su valentía. solo de esa manera podría ostentar su cargo real.

Serena temblaba con el simple pensamiento de las pruebas. No estaba preparada para su destino. El consejero real, cuya función era ayudar a preparar su travesía, miraba con nerviosismo a Serena. Era notable que algo por dentro la detenía a dar los primeros pasos hacia su reinado.

El consejero decidió entregarle algo: una espada ligera con incrustaciones de piedras preciosas. Serena dio las gracias y la acomodó en su habitación. Aquella noche le fue imposible dormir. Extrañaba a sus padres, pero pesaba más la angustia de no pasar las pruebas.

Fue cuando algo llamó su atención: la silenciosa espada sobre una repisa. Parecía resplandecer con luz propia. Serena se acercó para investigar. La espada estaba caliente y efectivamente brillaba. Se aproximó todavía más a

observar las figuras grabadas en el acero: Serena pudo verse corriendo por el bosque asustada, alarmada. La perseguía una fiera enorme. Serena no veía al animal, pero no le quedó la menor duda de que era una amenaza imposible de combatir.

Tocó la espada y, al contacto de su mano, perdió su fulgor. Serena retornó a su cama. Sentía el miedo como algo pesado y pegajoso sobre ella.

Al día siguiente ordenó que le fabricaran una capa larga y pesada. Desde la ausencia de sus padres, sentía mucho frío la mayor parte del tiempo.

El consejero se extrañó. Serena era una princesa energética y propositiva. Le encantaba explorar el reino a caballo y sus ideas eran atrevidas y fantásticas. Él quiso oponerse a la manufactura de la capa. Creyó que le pesaría a Serena. Se limitó a callar y observó la tela morada de terciopelo.

A partir de esa noche en la que Serena detectó extraños movimientos sobre su espada, el mismo hecho insólito y brillante se repitió. Serena se levantaba en la madrugada, se incorporaba y corría hasta el acero. En él observaba parcialmente los riesgos que la esperaban en el bosque. Entre el reino y ella había un sinfín de amenazas: cuevas oscuras, brujas, caballos indomables... y el dragón. Su aliento era mortal y Serena se percató de que esta bestia era capaz de leer su mente. No le costó mucho descubrirlo. Sobre la espada se percibió a sí misma escondida tras un árbol. Del otro lado, el dragón aguardaba para comérsela. Ni siquiera tenía que planear alguna estrategia: conocía a la perfección los pasos de Serena.

A la princesa, durante el día, esta rutina nocturna le afectaba. No quería comer ni salir. Ya no quería montar su caballo. Arrastraba su capa oscura por el castillo. Estaba ansiosa y su nuevo acompañante era el miedo. Se quitaba la capa para asearse o para dormirse, pero el miedo a su futuro le impedía emprender su travesía.

El consejero real mostraba preocupación. A este paso, el reino se derrumbaría pronto. Necesitaban la estabilidad de una nueva reina. Dispuesta y aguerrida para defender a su gente de cualquier amenaza; brillante y humilde para gobernar y escuchar. Serena parecía estar muy lejos de convertirse en la monarca que necesitaban.

Cierto día, Serena fue a dormirse más temprano de lo acostumbrado. El consejero fue a buscarla a su habitación. Desconocía que la princesa dormía. Al abrir la puerta, la encontró con la espada entre sus manos. Serena observaba el acero con miedo. Él se acercó hasta ella. Sobre la espada, se reflejaron los rostros de la princesa y del consejero. Serena, con sorpresa, dejó caer la espada.

—¡Consejero, no lo esperaba! Dígame, por favor, ¿qué ha visto usted sobre la espada?

Serena creyó que él aceptaría su misma visión. Necesitaba su complicidad para controlar sus nervios y temblores. La respuesta del consejero la dejó pasmada.

—Lo único que vi fue el reflejo de una mujer muy asustada. Alguien que está posponiendo su destino y se ha encerrado en su interior.

El consejero no mentía. Para él la espada era un utensilio de cualquier metal promedio. Una obra artesanal con piedras preciosas. Nada más.

Él vio la realidad: el reflejo del miedo de la princesa. Serena estaba tan cegada por su miedo que solo veía riesgos y amenazas inexistentes. Todo aquello que pudiera truncar su trayectoria todavía indefinida. El miedo la convirtió en rehén de sí misma. El miedo la paralizó. Por eso buscó la capa pesada para complicar su misión y se inventó al dragón que leía su mente. Después de todo, tal animal sí vivía dentro de ella.

Serena agradeció al consejero su sinceridad y le pidió marcharse. Decidió cerrar las cortinas. A Serena le castañeaban los dientes. Escuchó un susurro y se cobijó en su capa. El sonido venía de la espada.

Se tapó los oídos y cerró los ojos. Cuando los abrió, el dragón estaba frente a Serena. Era rojo y maligno. La princesa se retiró hacia atrás y se cubrió la cabeza. Del otro lado de la habitación, estaba la espada. ¿Este sería el final para ella? ¿Sería vencida dentro de su propio hogar? ¿Sería recordada como una princesa débil que no pudo encarar su destino ni sus miedos?

Serena recordó a sus padres. Ellos nunca habían dudado a la hora de cuidar de su pueblo. Temía decepcionarlos. Serena se dio cuenta de que estaba viviendo su propia pesadilla. Ella era la arquitecta del mal sueño. Su destino yacía más allá de su miedo.

La princesa se despojó de la capa y corrió tan rápido como pudo para alcanzar la espada. Con un alarido la elevó sobre su cabeza y se aventó contra el dragón. Con el primer movimiento del acero sobre el reptil, la ilusión se desvaneció. Serena se dio cuenta de que estaba sola. La luz de la luna entró por una rasgadura en la cortina. Sin capa ni miedo, la princesa se sintió liviana y ágil. Sonrió con lágrimas en sus mejillas. Aquella era la hija que sus padres habían formado para continuar con su reinado de paz y justicia.

A la mañana siguiente, el consejero encontró a Serena sobre su caballo, lista para emprender su misión.

—¿Está lista, alteza? ¿Y su capa?

—No la necesito más, solo llevo mi espada. Sé que todos esos miedos fueron mis invenciones. No hay dragones ni bestias capaces de imposibilitar mi reinado en honor a mis padres.

Serena partió y el consejero sonrió. No tenía que ver con ninguna espada el resultado de la travesía. Serena ya era una reina.

Open your Box

¿Cuál es el miedo más profundo que te aleja de la persona que quieres ser? Es difícil nombrarlo y reconocerlo: preferimos esconderlo o posponerlo hasta que nos congele. El miedo detiene. El miedo no se marcha, se anida en nuestro interior.

¿Sabes lo que encarna tu miedo? ¿Es un reto específico, la probabilidad de perder algo, o la simple idea de enfrentar aquello que te lastimó? El miedo generalmente nos empuja a actuar. Serena decidió hacerse una capa para esconder su emoción en vez de encararla. Una acción más eficaz hubiera sido evaluar su situación y atreverse. ¿Cómo te atreves a vencer tu miedo? Calibra tu corazón y tu razón antes de responder a esta pregunta: ¿Cuál es la recompensa después de la batalla? Tu tierra prometida está del otro lado de esos gigantes.

El huevo rojo

La fábrica de huevos de oro pintados a mano ubicada en la calle Aladerecha 33 se distinguía por el profesionalismo de sus pintores. No era tarea fácil escoger entre las 123 brochas que tenían, y crear trazos sobre el cascarón. Ninguno de los pintores temía al hecho de diseñar ciudades pequeñísimas. Lo que sí les provocaba mucho miedo era enfrentarse al señor Juan Juan. Él era grande, alto, enorme. Forcejeaba para atravesar las puertas del área de almacén, de embalaje, de diseño y de recursos humanos. El señor Juan Juan encontraba la forma de entrar, agacharse y acercarse a observar el trabajo de sus empleados. No había día sin que encontrara un desperfecto y ardiera en cólera por ello. Al señor Juan Juan le tomaba cerca de tres segundos estallar por completo. Podría decirse que su paciencia era tan delgada como un cascarón de huevo.

Por cierto, los huevos que se pintaban no eran comestibles ni perecederos. Tampoco eran completamente de oro. Eran pequeñas piezas con forma de huevo, recubiertas con una capa de oro. Se rumoraba que el señor Juan Juan las había diseñado así para estropear las paredes. Cuando estaba encolerizado, era capaz de arrojarlos en cualquier dirección. La verdadera razón para que los huevos fueran de metal era muy diferente.

Las personas enojonas no nacen con el ceño fruncido ni con los brazos cruzados. Existe un suceso en su vida que los hace perder el control y no logran

darle la vuelta. Para la mala suerte de los empleados, el fundador de la empresa era irascible y colérico. Para la buena fortuna de la humanidad, todos los huevos sirven para algo y todas las personalidades se pueden matizar.

El señor Juan Juan tenía muchos secretos. Lo más misterioso era su hora de comida. Se encerraba en su oficina y se dedicaba a su pasatiempo. Nadie, absolutamente nadie, se atrevía a molestarlo. Se comentaba que la última secretaria se atrevió a tocar la puerta durante ese horario y recibió el golpe de un tintero en el hombro derecho. Como era de esperarse, perdió su empleo a la brevedad.

La rutina del señor Juan Juan consistía en regañar a los empleados, batallar contra los espacios y dedicarse a su actividad favorita. Seguramente te preguntarás cuál era esta.

A puertas cerradas, el señor Juan Juan se acomodaba en su escritorio y escogía con maestría una entre las 123 brochas. Todas estas, por cierto, eran sus creaciones y estaban patentadas. Después tomaba un huevo y lo pintaba. Sí, él también era pintor, por eso decidió un día hacer su sueño realidad y fundar la fábrica.

Cuando no era señor, sino solo Juan Juan, entró a un curso de pintura. Como proyecto final, Juan Juan presentó una serie de huevos de gallina pintados a mano. Una pintora aficionada, llamada Melina, aplaudió la genialidad del joven.

No se necesitó más. Ambos se enamoraron. Empezaron una vida juntos y fundaron una genial fábrica dedicada a pintar a mano huevos de gallina. En un inicio sí eran huevos perecederos y no tenían una lámina de oro. Era un proyecto lindo y redituable. Tanto que los dos pensaron en formar una familia. Así nació Azul, la niña de los ojos más claros y preciosos.

La vida de los tres cuajó tan bien como un omelette. La vida de Juan Juan tenía todos los colores que necesitaba.

Cuando su jornada laboral concluía, la pareja se apuraba en bicicleta para llegar a la cima y pintar más. Lienzos, huevos, frutas y verduras. Pero los colores terminaron el día en que Melina falleció: lamentablemente resbaló con un cartón de huevos.

Esa fue la verdadera razón para que Juan Juan cambiara la naturaleza de los huevos y optara por esculturas de metal. Todo cambió en la casa, la fábrica y la vida del señor Juan Juan. Solo escogió un color para entender la partida de Melina: el rojo, el de la ira, el de la pregunta incesante. ¿Por qué a él? ¿Por qué de forma tan injusta? Decidió dejar de reparar en los ojos de Azul y en las peticiones de sus clientes, aunque es importante aclarar que a muchos de ellos les encantó la idea de que los huevos ya no se pudieran comer. Como te lo habrás imaginado, lector, era un conflicto que se vendieran obras de arte perecederas y doloroso para los compradores el hecho de quebrar un huevo hermoso, cocinarlo y comerlo.

El señor Juan Juan se cerró a cualquier diálogo. Se tragó la bola de tristeza y confusión. Quería llorar, quería volver a Melina. Prefirió emular la nueva línea de huevos y creó una armadura de metal. El único momento para palpar su interior lastimado era la hora de la comida. Sin Melina, el cráter de su enojo simplemente carecía de limitaciones. Gritaba por cualquier detalle, ningún incremento de ventas lo volvía feliz, cualquier pretexto era un buen motivo para sus quejas. Se convirtió en un volcán activo y latente que se encendía con la menor provocación.

Cuando pintaba huevos pensaba mucho en su vida. Se molestaba con la memoria de Melina. La culpaba de haberse ido, de haberse tropezado. Después de estos monólogos, el señor Juan Juan se sentía terrible. Destrozaba su pequeña pintura y se deshacía del huevo.

Nadie sabía de su secreto, hasta que un día su hija Azul decidió entrar para sorprender a su papá. La suerte quiso que en ese momento Juan Juan estuviera ausente. Si no, seguramente en su rabieta le hubiera aventado algo a su pequeña.

Azul se acercó al escritorio y analizó los lindos huevos. Le gustó uno rosado con puntos rojos; otros dos que, en conjunto, formaban un conejo. Jamás había observado las creaciones de su papá. Azul era una bebé cuando su madre Melina falleció.

El señor Juan Juan gritó cuando vio las manitas de Azul sobre la pintura fresca.

—¡¿Qué haces?!

—Papá, no sabía que pintabas huevos de ti a escondidas.

Juan Juan intentó quitarle el huevo más grande. Azul lo tenía entre sus manos. Era rojo. Como no pudo quitárselo, decidió preguntar. Es importante mencionar que Azul estaba tan acostumbrada a los gritos y berrinches de su padre, que no les hacía caso. Sabía que eran como huevazos que él aventaba, pero que no la tocaban porque ella no los merecía.

—¿Por qué dices que pinto huevos de mí?

—Evidentemente este rojo eres tú. Por afuera todos creen que eres una persona enorme, roja y hecha de fuego, pero mira —Azul lo acercó a la orilla de la mesa y pretendió que lo estrellaba—, de verdad eres sensible y tu relleno es muy suave. Te proteges con tu ira porque sientes que cualquier cosa te puede romper.

Juan Juan se quedó congelado. ¿En qué momento había crecido tanto Azul? La pequeña tomó otro huevo y una brocha. Comenzó a pintar. Juan Juan notó que también era muy talentosa.

¿Cuánto tiempo había perdido por su ira? ¿Cuántas relaciones, actividades y momentos había desechado por solo pensar en los defectos y las quejas? ¿Cuánto desperdicio se había originado para proteger su vulnerabilidad?

Su ira lo había cegado destruyendo todo a su paso. Ahora se daba cuenta de que la ira era solo su recubrimiento, pero no conformaba su interior.

Decidió ver a Azul a los ojos. Después la invitó a sentarse y juntos pintaron más huevos y hasta las paredes de la oficina.

Al día siguiente, el señor Juan Juan lanzó una línea de huevos perecederos. La venta de estos era para recordar que tenemos un relleno sensible y vulnerable que tenemos que cuidar y también equilibrar para mantener encendido lo mejor de nosotros.

Open your Box

¿Qué precio emocional, físico y económico has pagado por estar enfadado con alguien? La ira se produce generalmente cuando perdemos el orden o la posibilidad de reinar sobre algo. Está relacionada con nuestro ego. El señor Juan Juan confiaba en estar más años con su esposa. Se enfrascó en su ira y dejó que moldeara su carácter. Sin un correcto entendimiento de nuestra ira, al explotar podemos perder mucho más el control que creemos obtener.

¿Cuáles son los gatillos emocionales que disparan tu ira?

Cuando sientas la emoción, no la reprimas, dale un lugar dentro de ti. Para bajar la temperatura de tu termómetro emocional, respira varias veces larga y profundamente: esto ayuda a conectar con el tiempo presente. Gestiona lo que estás sintiendo.

Bajo la ira podemos decir cosas manejadas por la emoción y después no sentirnos orgullosos o cómodos con eso. Para liberar la ira, toma una almohada y grita sobre ella. O si vas conduciendo, baja tus ventanas y grita a todo pulmón qué es lo que tanto te molesta y te saca de tus casillas.

La receta correcta

Roster´s era un pueblo singular, ideal. A diferencia de las demás localidades aledañas tenía una gran particularidad. Siempre estaban alegres. En Roster´s las personas sonreían de oreja a oreja y jamás entraban en desánimo. Al menos eso se creía.

Que su alegría se basaba exclusivamente en un alimento, no era un secreto. Cada mañana, sin excepción, los habitantes de Roster´s se despertaban temprano y corrían -literalmente- al centro del pueblo.

De hecho, en Roster´s a los niños se les enseñaba a caminar lo más pronto posible para que con rapidez pudieran cumplir la bella tradición de levantarse y correr al centro del pueblo donde se regalaba la famosa y más deliciosa creación culinaria: la sopa de patas de gallo.

Roster´s se distinguía por su alegría y también por su increíble producción de aves de corral, mayormente la gallina y el gallo.

La sopa de patas de gallo se cocinaba cada madrugada en la casa de la madre del alcalde. Fue idea de ella, desde hacía 60 años, hacer el desayuno para todos los habitantes. Después, a la causa se unieron más personas para que la tradición pudiera replicarse en la hora del almuerzo y de la cena. Si alguien deseaba agregar un postre, otro alimento o colación, lo podía hacer. Los habitantes de Roster´s eran tan alegres que les gustaba compartir.

La sopa de patas de gallo contenía patas de gallo —naturalmente— verduras, agua, especias, y nada más. En la población se creía que su creadora, la se-

ñora Kampi, le agregaba algo especial. Muchos habían intentado descubrir el ingrediente extra. Algunos lugareños se ofrecieron a preparar la sopa con ella. Estaban atentos a sus movimientos, a qué más incluía en el caldo. No lo descubrieron y la señora Kampi negó con animosidad la existencia de otro elemento.

Roster´s era idílico. Su alegría era tan contagiosa que cuando otras personas iban de visita, inmediatamente se sentían contentos de estar en el pueblo. Todo funcionaba a la perfección: no había gritos y un espíritu general de cordialidad reinaba.

Era el lugar más alegre del mundo, hasta que la señora Kampi falleció. La conmoción en el pueblo fue total. El ambiente cambió por completo. Inclusive varios habitantes de la población declararon que la sopa de patas de gallo ya no sabía igual. El alcalde escuchó esto y quiso comprobarlo por sí mismo. Rompió su ayuno, pues llevaba un par de días sin comer debido a la tristeza de haber perdido a su progenitora.

Se despertó temprano, se dirigió hacia la plaza donde se intentaba reproducir la sopa, pidió su plato humeante, surcó con la cuchara el caldo. Finalmente, se llevó el alimento a la boca. Nada sucedió.

Recordó la primera vez que probó la sopa de su mamá. Estaba en su casa, era muy pequeño y se había lastimado. Su madre curó su rodilla y lo llevó de la mano a la cocina. Sobre la mesa estaba el primero de muchísimos platos de caldo. El niño se sentó y escuchó lo que su madre le dijo:

"Esta es una sopa especial de patas de gallo. Cuando la pruebes, verás que también te sale un par".

No entendió a qué se refería su mamá, pero obedeció. Desde la primera cucharada, se dibujó en su rostro una enorme sonrisa. Esa sopa sabía a consuelo, a cariño, a dulce amor. El pequeño soltó una risita y abrazó con fuerza a su mamá. "Todos deberían de probar esta sopa, mamá".

Así fue como la señora Kampi decidió compartir su creación con las demás personas del pueblo. Claro está que todos aquellos que la probaron por primera vez, también fueron advertidos de que les saldría un "par" después de la primera cucharada. Sin embargo, la alegría por el sabor y la maravilla de la sopa era tanta que la mayoría olvidaba el comentario.

Cuando el alcalde de cincuenta años probó la sopa, recordó su sensación con aquella primera sopa y estuvo de acuerdo con la mayoría de las personas del pueblo. La sopa ya no sabía igual. Por ende, no obtuvo su "par".

El alcalde era político. Intuyó que si esa sopa había perdido sus propiedades alegres el pueblo se vendría abajo. Primero sería el espíritu colectivo, después la productividad, luego vendrían riñas en la calle, contaminación, robos, malos tratos, huelgas…

Regresó con cierta cortesía aquella sopa. Las personas que habían trabajado en la cocina aquella mañana se quedaron mudas. Todos fueron testigos del gesto de su alcalde. Si él no se comía la sopa, entonces ¿quién sí lo iba a hacer?

Al día siguiente se mostraron, como nunca, niveles bajos de productividad. Incluso faltaron muchas personas que habían decidido voluntariamente ir a trabajar a la cocina de la comunidad. El alcalde se mordió las uñas. ¿Quién prepararía la sopa como su madre? ¿Quién sabía cuál era el ingrediente secreto? Desde la oficina de comunicación gubernamental, se le ocurrió ofrecer una recompensa a quien pudiera regresar la alegría al pueblo.

Así empezó una serie de semanas de fuerte desesperanza. Cada mujer, hombre, niña o niño que entraba a la cocina parecía ser el próximo salvador del pueblo. Después de que se probaba la sopa, el alcalde sentía que sudaba por los nervios. Para él esta misión tenía un tiempo en específico, un tiempo que se consumía muy rápido.

Con los bajos niveles de productividad empezaron las riñas dentro de las casas. Las parejas, los hermanos y las familias estaban molestos unos con los otros. Luego fue un asunto vecinal. A la par, entraban y salían más personas de la cocina. El rumor de la recompensa se volvió tan grande que acudían visitantes de lugares muy lejanos. Para ellos el asunto de Roster´s era una especie de broma. ¿Un pueblo alegre gracias a una sopa?

—La alegría viene de nuestros logros, de adentro, de sentir que alcanzamos algo que de verdad queremos —explicó un viejo consejero al alcalde.

Al líder no le pareció adecuada la respuesta. Su madre había demostrado a todos que esa sopa de patas de gallo los volvía alegres. ¡Y todos lo habían constatado! El alcalde hizo todo lo que estuvo en sus manos para alcanzar la tan ansiada alegría colectiva: revisó los corrales y a las aves; inspeccionó una por una las patas de gallo que iban a la sopa; cambió los vegetales utilizados por unos de la más alta calidad; escogió otras ollas y enseres para cocinar.

Rezó, imploró, rogó. Nada ni nadie conseguía emular aquella sopa de patas de gallo. El viejo consejero observaba todo en silencio. No mentía: la alegría provenía de adentro. El ingrediente secreto era intangible.

Cierto día, una pequeña entró a la cocina. Acompañaba a su madre, quien quería ganarse la recompensa por cocinar la prestigiosa sopa. La señora era una mujer dedicada al hogar y la crianza de sus hijos. Acomodó su mandil, se estiró y se encomendó a un par de dioses. Quería el dinero para comprar una casa más grande lejos de Roster´s. Las riñas vecinales la estaban volviendo loca.

La señora cortó los vegetales y puso a hervir el agua. Después preparó con extremo cuidado las patas de gallo y las sumergió en manteca: supuso que aquel era el secreto. La mujer estaba nerviosa, pero confiaba en que eso podía funcionar.

Al mismo tiempo, a un costado, su hijita intentaba imitar todo lo que hacía su mamá. Había improvisado un mandil con una servilleta de tela y simuló cortar los vegetales. La niña se divertía. Si se le caía algo al suelo, lo levantaba entre risas.

—Mamá, mamá —la niña jaló a su madre del mandil.

—Ahorita, no, cielo… mamá está ocupada.

—Mamá, dame una patita de gallo.

—No, no puedo. Si te la doy, me quedo sin la cantidad exacta. Tú sigue jugando. Debo concentrarme.

La señora por fin terminó. En la mesa de jueces había un grupo aleatorio de ciudadanos, el consejero y el alcalde. La mujer acomodó su gran olla y comenzó a servir el caldo en platos. Cada comensal se acomodó sus servilletas en el cuello. Había pocas expectativas.

Estaban cansados, casi rendidos. Probaron el caldo y emitieron rápidamente su veredicto. No hubo sonrisas, ni alegría. Descorazonada, la mujer cogió su olla y se dio la vuelta casi tropezando con su hijita. Ella cargaba entre sus manos un plato mayúsculo para su complexión. Las verduras estaban crudas, sin partir, las patas de gallo brillaban por su ausencia y el agua no podía estar más fría.

—¡Ya tengo la sopa! —dijo la niña.

Tanto los jueces como el alcalde se mostraron molestos. No querían perder más tiempo. El sabio consejero, por su parte, dijo que lo más sensato era probar ese caldo. No había restricciones de edad para ganar la recompensa.

La pequeña se acercó hasta los jueces, tomó una cucharada y les dio a probar en la boca. El primer juez no quiso decir nada sobre la frialdad; el segundo tampoco criticó los vegetales; el tercero se entretuvo limpiando la sopa derramada en su barbilla; el sabio solo afirmó; el alcalde sí habló:

—Pero aquí no hay patas de gallo.

—¡Claro que sí! —dijo la pequeña—. Aquí tienes un par.

El alcalde se preguntó a qué se refería. Antes de poder preguntar, la niña dejó su plato sobre la mesa y escaló sobre el alcalde. Tocó su piel a los costados de los ojos y delineó con sus dedos las arrugas. Parecían patas de gallo.

El alcalde soltó una risotada gigantesca. Le dolieron los pómulos de tanto reír. Su alegría fue contagiosa. Los jueces también rieron. También el sabio y la madre.

El alcalde comprendió, por fin, cuál era el ingrediente secreto. La niña fue la única de los concursantes que había cocinado con la intención de alegrar a los demás. Vertió su esfuerzo no en conseguir un sabor en específico, sino que se consagró en divertirse. Desde antes de hacer la sopa, ya estaba feliz.

—Esta niña es la ganadora del concurso —declaró el alcalde.

—¿Cuál concurso? —preguntó ella.

Todos estallaron en risas.

—No han importado nunca los ingredientes ni las patas de gallos, sino el "par" que obtienes después. Cuando mi madre, la señora Kampi, hizo esta sopa, nos hizo creer desde un inicio que nos haría alegres. ¡Ese es el secreto! Alcanzamos la alegría cuando obtenemos lo que nos proponemos, sí, pero lo conseguimos más rápido si tenemos la actitud correcta… la receta correcta.

Al día siguiente la niña fue la cocinera principal. Con sus risas, ademanes y cariños, logró que todos en la cocina le agregaran la cantidad exacta de patas de gallo a su receta. De las genuinas patas de gallo que iluminan los rostros cuando la alegría invade los corazones.

Open your Box

La alegría es la emoción básica más buscada y funciona como una recompensa natural que genera diversas ganancias. A mayor grado de alegría conforme realizamos una tarea, mejoramos de forma automática la técnica de la actividad. Es poderoso el efecto de sentirnos alegres. La alegría es nuestra recompensa, nuestro energizante natural. Promueve la motivación, la apertura a lo nuevo y el aprendizaje.

¿Qué genera en ti la alegría? ¿Por qué la pierdes? ¿Has pensado cómo potenciar esta emoción para lograr otras metas?

Para fomentar intencionalmente la alegría hay que conocerse a sí mismo, solo de esa manera podrás realizar actividades que te resulten placenteras. ¿Qué cosas te han hecho experimentar alegría en los últimos meses? ¡Busca dosis de alegría cada día! Tu cuerpo, tu autoestima, tu mente, y hasta tu sistema inmune te lo agradecerán.

Golosinas en el mar

Arnush y Campoy eran dos azuladas ballenatas. Habían nacido cerca de costas frías y majestuosas. En su manada, que se conformaba de diez ballenas en total, habían aprendido a nadar a un ritmo tranquilo pero decidido. Una de las lecciones más importantes que toda ballena tenía que aprender era que la seguridad debía ser una condición exclusiva sobre cualquier elección. A Arnush le costó mucho entender esto.

Era una ballenita libre y feliz, a la cual le gustaba explorar todas las áreas por las cuales se desplazaban. Campoy, por el contrario, era mucho más selectiva y audaz. No comía cualquier banco de peces que se encontrara. Prefería olerlos antes y muchas veces expresaba su repulsión. No le gustaba el *krill* de las aguas asiáticas, por ejemplo. Arnush se burlaba de ella. Después de todo, era comida. ¿Quién podía despreciar un cúmulo de peces?

—Arnush, son principios. Si algo me desagrada, ¿por qué tendría que comerlo?

—Para que tengas energía y puedas seguir nadando.

—No hay mucha diferencia si comes un banco más o un banco menos. Simplemente hay peces que huelen mal, ¿no te das cuenta?

Arnush escuchaba a Campoy, pero no la entendía. Esta discrepancia entre ambas no mermaba su amistad. La confidencia entre las dos era total. Si

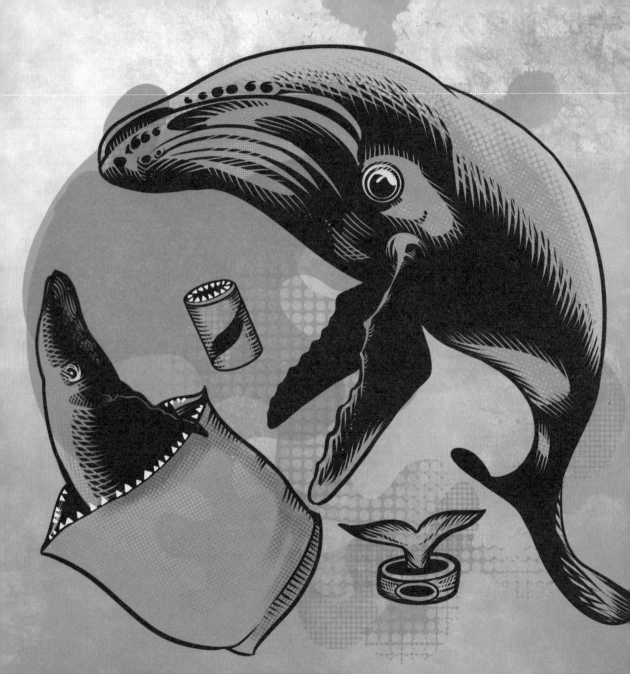

Arnush tenía que ir a explorar el océano con otras ballenas y a Campoy le correspondía esperarla, Arnush se comunicaba con ella en lo que regresaba.

Las ballenas tienen la capacidad de emitir sonidos en determinadas frecuencias que solo ellas detectan. Con este canto transmiten información sobre su entorno y su situación. Para muchas ballenas, los mensajes cetáceos de Arnush eran molestos o innecesarios. A la ballenita no le importaba. Quería que su amiga la sintiera cerca.

Un día, mientras jugaban cerca de una corriente marina, Campoy vio a un grupo de moluscos y quiso acercarse para verlos mejor. Nunca había visto una colección tan diferente y colorida. Arnush la siguió de cerca. También se sintió atraída por aquellos cuerpos vaporosos y quietos en la inmensidad azul.

Cuando se acercaron, se dieron cuenta de que esos seres no eran moluscos. Campoy estaba extrañada. Recordaba algo similar, pero no sabía de dónde. Arnush abrió la boca. Le parecieron apetitosos. Antes de que pudiera comérselos, su amiga Campoy la detuvo.

—¡No, Arnush! No sabemos qué son. No tienen buena pinta. No parecen estar vivos, ¡qué asco!

Arnush se molestó con la actitud de Campoy, pero no se pudo quejar porque se dio cuenta de que las demás ballenas ya estaban lejos.

El primer instinto de Campoy fue gritar. Olvidaron por completo los falsos moluscos y emprendieron su regreso. ¿Se habían alejado mucho de la manada o la manada se había marchado? Arnush se atemorizó: ¿sabían cómo regresar o a dónde tenían que ir?

Campoy quiso tranquilizarla. Solo tenían que comunicarse y nadar hacia donde les dijeran. Las dos ballenitas se aproximaron y se apoyaron mutuamente. Era cuestión de seguir a las demás, y también de seguir su instinto.

Mandaron mensajes que no fueron contestados. El canto de las ballenas se había extinguido. Campoy se preocupó, pero no quiso que Arnush se diera cuenta. A pesar de que era una ballena alegre y extrovertida, se asustaba con rapidez. También era muy comelona.

Guiadas por Campoy, las dos se desplazaron cerca de la corriente marina. No había rastro de su manada. Lo que sí encontraron fueron más de aquellos cuerpos impasibles en el mar. Estos eran más grandes y mostraban una gama de colores más extensa. Arnush olvidó por completo su misión y se les acercó. Campoy intentó detenerla.

Para Arnush parecían deliciosas golosinas. ¡Quería comerlas todas! Campoy estaba asqueada con la situación. Lucían repugnantes, pegajosos y desconocidos.

—¡No comas eso, Arnush!

—Pero Campoy, si no lo probamos, ¿cómo sabremos que no es rico?

Campoy no pensaba en el sabor o en si era un manjar. Intuía que podía ser tóxico o peligroso. En la manada les habían enseñado a ser cautas antes de ingerir cualquier cosa. Pocas ballenas seguían esta regla al pie de la letra. Campoy parecía exagerar, pero estaba segura de estar en lo correcto.

—No te distraigas. Recuerda que estamos extraviadas. ¿No quieres encontrar a las demás?

Arnush se sintió avergonzada y aceptó que Campoy tenía razón. Siguieron su lento y precavido trayecto. Luego de un par de horas escucharon el desplazamiento de otros animales, los rumores de los corales, y los profundos movimientos rápidos de los peces del fondo. Percibieron el canto de su manada a lo lejos.

—¿Escuchas?

Arnush detuvo su penoso camino.

—Tengo tanta hambre que no puedo atender.

Campoy se exasperó con su actitud. Ella sí podía escuchar el mensaje. Las demás ballenas les estaban diciendo qué hacer y que tuvieran cuidado con…

Otro sonido interfirió con el canto. La ballena Campoy incrementó su velocidad para ver si podía escuchar de nuevo. Los sonidos graves eran invisibles e inaudibles. Algo más potente y ensordecedor llenaba el espacio acuático. Era un colosal barco que estaba sobre ellas. Cuando Campoy vio la silueta del navío se sumergió. Arnush copió sus pasos, pero con desidia. Quería ver mejor al barco.

Ni la embarcación ni las ballenas se movieron. Parecía que los tres estaban a la expectativa, esperando al primer movimiento revelador. Finalmente, el barco hizo una serie de sonidos metálicos. Una cadena descendió dentro del mar. Transportaba un desconocido objeto ovoide y colorido. Era una red que mantenía presas a miles y miles de aquellas que parecían golosinas para Arnush. Después de que este cúmulo se sumergió más, se activó otro sonido del navío, la red se abrió y esa especie de moluscos se soltó al mar. La cadena y la red emprendieron el ascenso, el barco se marchó.

Arnush nadó rápidamente hacia los seres de colores sin importarle qué tan repugnantes pudieran lucir para Campoy. Quería comerlos todos. La ballena se abalanzó sobre aquel mosaico suspendido. Abrió su boca para ingerirlos. Las quejas de Campoy no sirvieron para nada. Arnush logró comerse docenas y docenas de aquellos extraños cuerpos.

En un inicio, la ballena no descifró el sabor. No había probado nunca algo como esto. Después sintió una arcada. El sabor era amargo y muy diferente. Ojalá hubiera permanecido en esa fase, pero el rango de sabores se intensificó y era cada vez peor. Para colmo, Arnush peleó con una "golosina" que le lastimó parte de la boca.

Campoy desaprobó el actuar de su compañera. El canto de las ballenas había regresado. Las dos ballenas emprendieron el regreso. Campoy era ágil y se movía rápido. Quería ver a las demás. Arnush no pudo seguir su ritmo. Le dolía su cuerpo.

Open your Book

—Campoy, ¿qué tal si comí veneno? —preguntó Arnush a la mitad del camino.

—Tranquila. Vamos, ya casi llegamos.

El dolor de Arnush fue tan intenso que no se pudo mover. Campoy intentó empujarla. Era casi imposible. Arnush era más pesada que ella y su inactividad la volvía todavía más difícil de mover. Campoy llamó a las otras. Su canto fue muy diferente al habitual. Estaba asustada.

Las dos ballenas continuaron esperando. Campoy intentaba motivar a Arnush con palabras. Arnush, por su parte, solo quería dormir. Le pesaban los ojos y las aletas.

Cuando Campoy creyó que la situación era irremediable, vio las siluetas de las otras ballenas. ¡Por fin las encontraron! Muchas se confundieron con el estado de Arnush. La más anciana de la manada reconoció con inmediatez lo qué sucedía.

—¿Comió algo?

Campoy contestó y explicó lo mejor que pudo.

—Arnush comió basura —sentenció la ballena mayor—. Ningún cuerpo dentro del océano está listo para algo así. Tenemos que ayudar a Arnush para que lo expulse.

La ballena les indicó a las demás qué hacer. Entre toda la manada masajearon el cuerpo de Arnush. La ballenata abrió los ojos y vio a los seres que más amaba. Querían salvarle la vida después de su imprudencia. Los movimientos de las demás funcionaron y Arnush sacó de su cuerpo plástico y más plástico.

La ballena mayor aprovechó para enseñar a las demás lo que era la basura y establecer una alerta de jamás consumirla.

—Es un veneno para nosotras, para los corales y para todo el océano.

Campoy estaba aliviada. Pensar que su mejor amiga pudo haber muerto, le causó escalofríos. Arnush se le acercó y le dio un golpecito.

—Quiero pedirte perdón. Seguiste tu instinto y me alertaste. No te escuché.

Campoy le regresó el gesto juguetón y cariñoso.

—Era obvio. Solo de ver esas cosas asquerosas se adivinaba que no eran golosinas.

Las dos ballenitas jugaron entre sí y nadaron más cerca de la manada. No querían volverse a perder el canto de las ballenas.

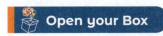

¿Sientes repulsión o asco por algo en particular? ¿Has detectado si esto es instintivo o se provoca por alguna experiencia desagradable? El asco es una emoción básica que nos previene de posibles riesgos. Llega para avisarte que te mantengas a salvo. Si Arnush hubiera sido guiada por la repulsión de Campoy, no se hubiera enfermado gravemente. ¿Crees que hay ocasiones en las que tenemos que dejar de lado nuestro asco para atrevernos a probar cosas nuevas? ¿Asumirías el riesgo?

La máquina de las sorpresas

"Lo más sorprendente de esta sorpresa es lo que viene después".

Marta, Ricardo y Samanta leyeron aquel extraño cartel. Aparte de esa curiosa frase, se mostraba la imagen de una máquina expendedora con botones luminosos. Junto a la máquina había la imagen de una mujer con la boca abierta y ambas manos enmarcando su rostro. La silueta, en blanco y negro, resaltaba de manera enigmática en contraste con los otros colores del poster.

Ninguno de los tres se mostró emocionado con el cartel. Un poco de curiosidad, tal vez. Marta, Ricardo y Samanta vivían en una sociedad enteramente líquida. Literalmente su civilización se basaba en este preciado estado de la materia. La ciudad estaba sobre una red de ríos. Muchos materiales eran líquidos, como ropa, objetos y otros enseres. La ropa fluía alrededor de los cuerpos, los anteojos, la cara.

Cuando un objeto ya no le gustaba o servía al usuario, simplemente se deshacía de él tirándolo al río. Ahí se unía a las aguas. Esta ciudad no tenía problema de contaminación ni suciedad. Lo que sí era impactante para cualquier forastero, era su forma de convivir y fluir.

Se cuenta que, en una ocasión, una joven tiró a su expareja al río. Para muchos el evento fue cómico. La mayoría solo se encogió de hombros. ¿Qué se iba a hacer? Todos debían de seguir moviéndose y fluyendo.

Se intentó convertir a los pensamientos e ideas en entes líquidos. La hipótesis consistió en que si molestaba pensar o analizar algo se podría extraer el pensamiento y tirarlo al río. Dejarlo fluir en otro lugar.

A muchas personas de otras ciudades, de diferentes materias, les gustaba ir a Ciudad Líquida. Les encantaba aquel ritmo rápido y constante. Gente yendo y viniendo, aventando chispitas, litros y galones por aquí y por allá.

Sobre todo, a las personas de Ciudad Sólida les fascinaba la cultura incesante y fluida de Ciudad Líquida. Era diferente a sus maneras robustas, férreas y tangibles.

No todo era fluir. Detrás de tanto movimiento y flujo, imperaba en Ciudad Líquida una especie de bruma, un aire de torpeza. La gente estaba tan acostumbrada a saltar de una emoción a otra, de un tema al otro, de persona en persona, que les costaba anclarse a una sensación o sentimiento. En Ciudad Líquida la sorpresa no tenía cabida, porque era más similar a un gas, a un vaho que aparece y se marcha por efecto del aire o del viento.

Las máquinas expendedoras se crearon en Ciudad Líquida para agilizar procesos. No se necesitaba esperar tiempos de cocción en los restaurantes. La máquina entregaba todo listo y caliente en cuestión de segundos. Lo mismo ocurría con la ropa o los zapatos. Bastaba con oprimir unos botones e insertar el dinero líquido. De un día a otro hubo máquinas de todo tipo. Incluso de mascotas, las cuales no eran líquidas, pero sí intercambiables. Si algún ciudadano se hartaba de cuidar de un gato lo cambiaba por un ganso, por ejemplo. El trueque en aquella ciudad también era una práctica muy líquida.

De entre todas las máquinas expendedoras del catálogo, la más reciente era la más popular, la de las sorpresas. Por eso Marta, Ricardo y Samanta quisieron formarse en la fila y entender de qué se trataba. La mayoría de las personas estaba segura de que no se sentiría sorprendida. Mucha gente hasta había olvidado la emoción.

Desde el circo de pulgas, años atrás, ningún habitante había sentido sorpresa. Antes del circo fue un acuario enorme manejado por manatíes. Mucho antes de eso la invención de un rayo carnívoro. Antes el traductor simultáneo de maullidos a ladridos.

Ciudad Líquida era reconocida por sus avances tecnológicos, siempre a la orden del día, y también por tantas excentricidades. ¿Cómo una máquina expendedora podía causar sorpresa entre ellos?

—¿Creen que funcione? —preguntó Marta.

Ella, a sus trece años, había visto en la televisión cuestiones más estrafalarias que todo el catálogo de cine de ciencia ficción. Ricardo tenía 16 años y no le sorprendía que todos los objetos de su ciudad fueran líquidos.

—Lo más probable es que sí. La máquina lleva dos semanas con la misma afluencia. Seguramente sí sorprende. Lo que me pregunto es qué podría sorprenderme a mí.

Después de Ricardo habló Samanta, de quince años.

—Creo que no funciona, pero seguro quien ya estuvo aquí y se defraudó con la máquina, olvidó lo que sintió. Seguro desechó también sus pensamientos.

—Es una opción viable —dijo Marta—. Después de todo, ¿cómo podríamos saberlo si en realidad nunca hemos sentido sorpresa?

El trío de amigos suspiró. Sonaba a un mito bonito: repentinamente no entender qué sucede, ni cómo actuar ni reaccionar. Quedarte en blanco. ¿Eso podía suceder?

La fila era ágil. En pocos minutos estaban a pasos de probar la máquina expendedora. Ricardo aprovechó para quitarse una corbata y aventarla al río. Declaró que, de repente, no le gustaba el color verde. A ninguna de sus amigas les pareció novedoso. Para ellas era normal cambiar de gustos al menos una docena de veces al día.

—¿Cómo vamos a saber si algo nos sorprende? —preguntó Samanta.

—No sé. ¿Recuerdan cuando instalaron la nueva tienda de guisantes miniatura? ¿Eso los sorprendió?

—No creo. Estuve interesado en investigar más sobre el proceso para reducir su tamaño, pero como luego abrieron el museo de cuerdas, mejor fui a ese lugar —opinó Ricardo.

—Yo creo que nada puede sorprenderme —dijo Marta con decisión—. Siempre sabemos qué va a pasar. Siempre que inauguran una galería, le siguen otras tres después. En Ciudad Líquida todo es predecible.

Delante de ellos había solo un chico. Estaban a punto de conocer el alcance de la máquina de sorpresas. Era diferente: tenía un cubículo cubierto con tela. Dentro, sobre la máquina, había un visor y un par de audífonos. El usuario se instalaba sobre la figura en el suelo de un par de plantas de pies, se acomodaba los artefactos, insertaba dinero líquido y oprimía un botón que rezaba "sorpréndeme". Sobre la tela se leía la misma frase del cartel. "Lo más sorprendente de esta sorpresa es lo que viene después".

Una de las peculiaridades de la máquina era que el usuario que terminaba de usarla salía por otro lado, de tal manera que quienes esperaban en la fila no podían verlo. Entonces no se podía adivinar si la máquina de verdad sorprendía o no.

La primera en entrar fue Samanta. Se despidió de sus amigos y cruzó la cortina de tela. Ricardo le confesó a Marta que él seguramente iba a ver una torre de caballos en movimiento. Marta se encogió de hombros. No sonaba fascinante.

Tocó el turno de Ricardo. Marta, sin expresión alguna, observó la tela y las letras doradas. Poco después, notó que la máquina estaba libre y entró. Cogió los audífonos y el visor, insertó el dinero y presionó el botón. En un ejercicio de realidad virtual, experimentó una charla con sus padres. Sintió un vacío interior, después dejó salir una gran bocanada de aire y percibió sudor frío por la espalda. El ejercicio terminó. Escuchó por los audífonos que una mujer anunciaba el fin de la experiencia. En el visor dejaron de proyectarse imágenes.

Marta salió de la máquina, abatida. Del otro lado estaba Samanta ahogada en risas y alegría. A su lado estaba Ricardo con un semblante de terror. Marta no lograba quitarse esa sensación de desconocimiento, de no contar con un plan.

—¿Se sorprendieron? —quiso saber Marta.

—¡Claro que sí! Vi lo que hay debajo de nuestra piel y es increíble. Son una especie de pequeñas ciudades perfectas que funcionan para que nuestra sangre circule. ¡Es bellísimo!

Samanta había visto un extracto de un documental viejo sobre la corriente sanguínea. Desconocía cómo funciona el cuerpo humano, estaba felizmente sorprendida con esta nueva información. Sintió que tenía que aprender mucho más del tema. Después de su sorpresa, hubo exaltación y alegría.

Ricardo había visto la cantidad de meteoritos que viajaban alrededor del planeta y se le explicó la posibilidad de que uno se estrellara contra Ciudad Líquida y acabara con todo. Un terror tremendo se apoderó de él después del descubrimiento.

—¿Y tú, Marta? —preguntó Samanta, todavía alegre.

—Hablé con mis papás. Me dijeron que nos mudaremos a Ciudad Gas.

Los tres amigos se quedaron con la boca abierta. ¿Cómo sería Ciudad Líquida sin ella? ¿Qué harían en las promociones de 3 x 2 sin Marta? ¿Cómo sería su nuevo hogar, su nueva vida?

—Lo bueno es que solo fue una sorpresa irreal. Eso no va a pasar —aclaró Marta.

Después de su sorpresa, lo más sorprendente fue su negación.

Los tres amigos caminaron hacia una tienda de jugos para seguir conversando. Querían quitarse aquella sensación de encima, pero al mismo tiempo escogieron el lugar más lejano para que sus emociones tuvieran más duración.

La sorpresa operó de forma diferente en cada uno de los habitantes de Ciudad Líquida. Al final retiraron la máquina expendedora de sorpresas. Un usuario enojado intentó destruirla después de que descubrió que el planeta que habitaban sí era redondo.

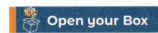

¿Qué emociones y pensamientos surgen en ti ante una situación inesperada?

Se considera que la sorpresa es una emoción básica neutral porque no produce algo en sí misma, sin embargo, da cabida a la presencia de otras emociones. El cómo reaccionas frente a una sorpresa es tu responsabilidad.

¿Qué es lo más sorprendente que te puedas imaginar? Lo más posible es que no puedes visualizarlo ni mencionarlo, porque entonces no sería tan sorprendente. La sorpresa se genera cuando lo habitual, normal o lógico, deja de ser predecible. La sorpresa es importante porque genera curiosidad dando oportunidad al aprendizaje.

Las emociones se miran a los ojos para comprenderse y aceptarse

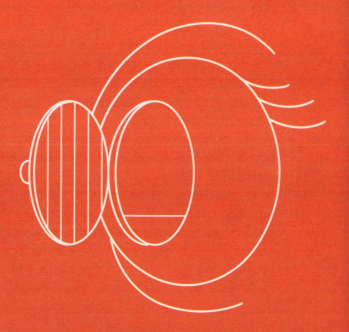

▶ Entendiendo el kit de emociones

A veces cuesta trabajo abrir nuestra caja de emociones y un poco más compartirlas con los demás. Pensemos en los padres y madres de familia que pasan por situaciones extremas de carencia económica y que viven en estado de emergencia de sobrevivir día tras día. Probablemente utilizan en su actuar diario frases como estas:

- "No puedo ponerme triste".
- "Enfermarme es un lujo que no puedo darme".

Todos tenemos libre albedrío y somos libres de qué nos permitimos y qué nos prohibimos expresar. A través de los patrones aprendidos nos comunicamos con nuestras relaciones importantes y con nuestro entorno.

Entender, comprender y gestionar el kit de emociones que tenemos desde que nacemos, nos ayuda a sobrevivir y a adaptarnos en nuestro entorno. Esto no siempre ocurre de manera armónica. Las emociones se presentan para llamar nuestra atención. Nuestra gestión oportuna nos ayuda a generar bienestar personal y mejores relaciones.

Pensemos en el miedo. Este nos alerta sobre una amenaza. El objetivo de esta emoción es que nos preparemos, que estemos alertas y listos para actuar de manera adecuada.

Dependiendo de su contexto y de su situación, la información genera una emoción diferente en cada persona. En mayor o menor medida, los cambios pasan todo el tiempo y la gestión de nuestro kit de emociones coadyuva a que encontremos el balance ¿Tú qué emociones experimentas al leer las noticias relacionadas con la situación política y la desigualdad social en tu país? ¿Te detienes a preguntarte cómo te sientes con lo que está ocurriendo?

Regresemos a la carretera. Cuando las señales en el tablero aparecen, el auto no se descompone en seguida. Nosotros tampoco dejamos de funcionar si surgen las emociones básicas. La alerta nos proporciona tiempo para revisar qué necesita el vehículo. Tenemos que encontrar qué está generando ese foco encendido.

Las emociones aparecen en nuestro tablero para que nos activemos y cuidemos nuestra estabilidad y equilibrio emocional. Si optamos por dejar de lado el miedo sin gestionarlo no significa que vamos a deprimirnos. Simplemente es una alerta.

Open your Box

Juguemos al reconocimiento de nuestras emociones. Para lograrlo vamos a acudir a un sistema excelente y prodigioso. Recurriremos a nuestra memoria emocional.

El faro de Alejandría es un lugar mítico. La historia antigua nos muestra este lugar como un gigantesco depositario de la sabiduría de aquellas épocas. En este faro los mayores eruditos y científicos guardaban sus conocimientos.

En nuestra memoria emocional todos tenemos un faro personal donde guardamos miles y miles de recuerdos. El faro también nos lleva a identificar qué nos altera, qué nos hace daño, con qué estímulos nos sentimos con mayor o con menor bienestar.

La experiencia lo es todo. Cada situación que vivimos, sumado a las que nos heredaron nuestros ancestros, conforma la memoria emocional. Algunas circunstancias nos llevan a lecciones o aprendizajes que quizás nos parecen desconocidas en el presente, pero puede ser que las hayamos aprendido en alguna etapa de la vida. ¿Cómo has reaccionado cuando tienes miedo? ¿Has sentido el efecto de la adrenalina en tu cuerpo? ¿Has sentido tanta alegría que te provoca llanto?

La memoria emocional nos puede apoyar para no repetir los mismos errores o para no transitar los mismos caminos accidentados. El faro también está equipado con un buscador emocional que indaga en nuestro registro de memorias emocionales.

¿Has vuelto a ver un juguete de tu niñez? Lo más probable es que solo evocar el recuerdo de dicho objeto genere en ti emociones.

En las computadoras o smartphones, cuando comenzamos a escribir qué estamos buscando, el dispositivo nos arroja resultados que existen dentro del sistema, es decir, están registrados en la memoria interna del aparato.

Lo mismo sucede con nuestro cerebro. Antes de experimentar algo externo para resolver la búsqueda, buscará en todo aquello con lo que ya contamos. Nuestro cerebro límbico va a relacionar lo que sentimos con algo ya vivido.

Imagina a tu buscador emocional como la barra de búsqueda de tu computadora. El juego trata de encontrar recuerdos dentro de nuestra memoria emocional con respecto a las emociones básicas. Aquí están los míos. Regálate un tiempo para que detectes los tuyos. No hay presiones ni juicios. Todo esto cumple con el propósito del juego: aprender a gestionar nuestras emociones y sentimientos.

Mi miedo

El dolor de cabeza es una de las afectaciones más comunes que existen. Hace unas semanas tuve uno muy fuerte que no se me quitó inmediatamente, ni con medicamentos. Después de unos días me preocupé, porque mi memoria emocional relaciona estos síntomas con un malestar crónico. Por esto, el simple hecho de que me duela la cabeza durante un par de días me provoca miedo. Hace tiempo experimenté una enfermedad seria e invasiva. Fueron episodios poco gratos. Así que el solo hecho de pensar que me estoy sintiendo mal y que esto pudiera escalar a lo que viví, me preocupa a tal grado que me provoca angustia. Es un foco rojo que existe en mí con el único propósito de que me revise y cuide mi salud. Está en mí no engancharme con la emoción displacentera, solo atender el mensaje y tomar responsabilidad y elegir qué hacer.

Mi asco

Dentro de la biblioteca de nuestras memorias, hay unas que cuando las exponemos resultan cómicas. Quiero narrarte lo que he anclado a la emoción del asco.

Crecí y me crie en una zona rural. A mi familia y a mí nos da risa que en la actualidad nuestra dieta sería envidiable, porque era totalmente orgánica. Sabíamos de dónde venía cada litro de leche porque cada mañana íbamos por ella a la casa de mi madrina. Cada gramo de carne venía de animales que se criaban para su consumo en los hogares cercanos. Es obvio que no escogimos esta dieta por moda, simplemente así vivíamos y era lo que estaba al alcance de nuestra mano.

En nuestra dieta abundaban los huevos de gallina. Comíamos este tipo de proteína casi a diario. Aparte de ingerirlos revueltos con otro ingrediente o estrellados, nuestra mamá le agregaba huevo a los batidos que preparaba en la licuadora. Hoy desayuno huevos con poca frecuencia. Quizás una vez al mes o una vez cada 6 semanas. Lo mismo ocurre con los postres que contienen huevo y en los cuales el sabor es identificable.

Desde niña me resistí a esta dieta, pero mi hermano me ganaba. Aunque todavía éramos niños, él estaba completamente asqueado. Solía tapar su plato con la tabla para picar con tal de no ver a nuestras hermanas a su lado comiendo las dichosas proteínas.

¿Cómo de algo tan simple como el huevo pudimos haber generado una memoria emocional de repugnancia tan fuerte? Esto se debe a que los objetos, los aromas, las sensaciones, los elementos impregnados en los recuerdos, todo lo que vivimos y sentimos, se convierten en vehículos de la emoción.

Mi ira y mi tristeza

Sería muy inocente pensar que solo nos heredan enfermedades. De nuestra familia también obtenemos parte de la memoria emocional. Cargamos todas las lealtades, patrones y programas que tuvieron nuestros padres, abuelos y ancestros, hasta que decidimos soltar lo que nos incomoda.

Desde que recuerdo, me molesta mucho el trato injusto hacia las personas. En lo particular, provengo de una familia donde hay aspectos que pudieran juzgarse como injustos. Mi padre, desde muy niño, empezó a trabajar para ayudar en casa. Su madre frecuentemente se enfermaba y al abuelo no le alcanzaban los recursos para sostener todo.

Por otro lado, mi madre creció sin su padre que era policía. Un día, de la manera más absurda, fue asesinado. Imagina la indignación, la injusticia y el sufrimiento de la familia. Fue un parteaguas en la vida de todos. Mi abuelo materno y mi abuela paterna fallecieron jóvenes tras una vida de mucho esfuerzo y tristeza.

La mirada sistémica también me ayuda a ver que mi sistema familiar carga la muerte violenta de mi abuelo, así como el sentimiento de injusticia y las penurias de la carencia. Liberarnos de nuestras cargas emocionales solo es posible cuando salen a la luz. Solo podemos transformar aquello que identificamos.

Muchas familias no se han reconciliado con su pasado y están condenadas a dar los mismos pasos erróneos. Como dije, me duele la injusticia, es algo que realmente me enoja. Un día mi hijo y yo íbamos cruzando la frontera entre Estados Unidos y México. Nos encontrábamos dentro del auto, sobre el puente internacional. En ese entonces mi hijo tenía ocho años. Iba en el asiento trasero, entretenido con el teléfono. El trayecto suele ser muy lento. Yo miraba la fila de autos, el posicionamiento de las nubes.

De pronto, un niño tocó mi ventana. Bajé el vidrio para hablar con él. Era un pequeño avispado, un poco serio. Se notaba seguro de sí mismo.

—¿Cuántos años tienes?

—Ocho —me contestó con decisión.

—Mira, él es mi hijo Max y también tiene ocho años.

El niño se asomó para ver a Max y lo saludó. Los tres platicamos un rato.

—¿Y vas a la escuela?

—Sí, pero ahora no estamos yendo.

El niño tenía su cubrebocas. Le dije que no la estaba usando adecuadamente y lo acomodó con rapidez.

—Trabajo aquí en el puente todos los días, también vengo cuando hay clases, saliendo de la escuela.

—¿Y tus padres dónde están?

El niño miró hacia varios lados.

—Mi mamá también trabaja aquí.

Nos tocó avanzar y nos despedimos del niño. Nos mostró una divertida sonrisa. Mientras nos alejamos lo vi por el espejo retrovisor. También vi el reflejo de Max. Los dos tenían la misma edad. Nacieron en lugares muy cercanos. Hablaban los mismos dos idiomas y hasta parecían haber mudado los mismos dientes. ¿Cómo es que eran tan diferentes? A este niño la vida lo había obligado a sacar lo mejor de sí, a usar constantemente sus fortalezas: su rapidez, su espontaneidad y su facilidad para comunicarse. Max posee sus talentos. Trabaja en ellos, los mejora y los guarda para la situación adecuada. El niño nunca ha reflexionado sobre sus dones, solo trabaja para poder subsistir. Los dos niños no son diferentes en esencia, solo en el desarrollo y aplicación de sus habilidades.

No pude ver más al niño en el espejo retrovisor. Se perdió entre la fila de autos. ¿Habrá logrado su meta diaria de trabajo? ¿Apoyó a su familia?

Se me arrugó el corazón al pensar en los días difíciles de ese pequeño. No tiene ni una década en el planeta y entiende más de economía y supervivencia que muchos adultos. Me dio mucho coraje su situación. Me dio ira saber que existen tantos pequeños en las calles.

En un chispazo, mi ira se convirtió en tristeza. Hay tantas circunstancias que se escapan de mis manos. Tantas situaciones que podemos percibir injustas sobre las que no tenemos control. ¿Por qué a algunos niños sí les corresponde jugar y estudiar mientras otros tienen que alimentar a sus hermanos? ¿Cómo podemos apoyar?

Volví a ver a mi hijo por el espejo y me tranquilicé. Sé que muchas de las conversaciones que tenemos Max y yo hacen que él se vuelva más empático. Es una persona generosa y compasiva. Las esencias de ambos niños, al final, son muy parecidas. En estas similitudes es donde me gusta que mis hijos aprecien a sus semejantes.

Mi alegría

¿Te ha pasado que escuchas un chiste más de cinco veces y no importa si es cómico o no, te parte de la risa? A mí me pasa esto con mis hermanos. Contamos siempre las mismas bromas y anécdotas. Nos hacen reír bastante. No se debe a si las palabras son chistosas. Es la compañía. Puedo estar con ellos por horas, sin levantarnos del asiento, solo disfrutando su presencia, su ocurrencia y el cariño que nos tenemos.

Aprovechamos cualquier excusa para vernos. Las reuniones se llenan de colores, sabores y música. En la cocina varias personas preparan salsas o guacamole. Cerca del asador también hay más gente cocinando la carne o los mariscos. Unos más preparan bebidas o ponen la mesa. Los primos corren por alguna parte o inventan juegos. Estos momentos me recargan las pilas y me llenan el alma de ánimo y gozo para impulsarme a seguir hacia adelante.

"Morning, morning". Otro de los eventos que espero cada mañana porque me llena de regocijo y alegría es la entrada de mi hija a mi habitación. Mia suele aparecer bailando llena de energía, con una voz entusiasta cantando los buenos días. Su actitud matutina es una invitación a esperar lo mejor de la vida en ese día que comienza.

A nivel profesional no hay nada que me llene más de gozo que ver a un alma despierta y alcanzando aquello que dijo que quería obtener o en lo que se quería convertir. Celebro mucho las pequeñas y grandes victorias con entusiasmo.

Lo más bonito y placentero de la alegría es que es una emoción contagiosa y que se puede compartir. Seguramente conoces a una de esas personas que parecen un rayo de sol. Lo mejor de esta emoción es que no se necesita mucho para provocarla. Está relacionada con sentirnos seguros, satisfechos de nosotros y de nuestro entorno.

Mi sorpresa y otras emociones

—¿Por qué me pegaste?

Me detuve en seco y volteé hacia atrás. Mi hijo creyó que lo había lastimado, pero fue un auto que impactó contra nosotros. El golpe fue en la parte trasera, del lado donde mi hijo iba sentado. Mi sorpresa no podía ser mayor. Cuando mi hijo se dio cuenta de lo que había pasado, comenzó a llorar. Yo tampoco esperaba esa reacción. Seguía sorprendida. No pensaba siquiera en qué hacer o cómo lidiar con lo que acababa de pasar.

La sorpresa no tiene gran duración. Una vez que entendemos la situación, podemos gestionarla. Este es el beneficio de la sorpresa. Su instantaneidad nos permite ver mejor para actuar acorde a la circunstancia.

Ese día mi hijo no lloró por el dolor, porque no se lastimó. A su corta edad la sorpresa se tradujo en llamar la atención para recibir auxilio. Por eso las lágrimas y el grito.

No todas las sorpresas son desagradables. La naturaleza de esta emoción es alertarte sobre un cambio, algo distinto que de pronto ocurre sin esperarlo. Por ejemplo, si un día entras a tu cocina y el refrigerador no está en su lugar, claro que te sorprendes. No es bueno ni malo, solo es la reacción normal ante lo desconocido.

Un par de días posteriores a mi cumpleaños mi marido me llevó de compras. Escogí un vestido muy bonito. Aunque me sentía cansada, regresamos a casa para arreglarme y salir a cenar con mis hermanos y mis hijos. Mi esposo me pidió que fuera al jardín y les avisara a los niños.

Salí descalza, pues al llegar a casa me había quitado los zapatos altos. Cuando abrí la puerta del patio trasero, me topé con un mariachi, mis hermanos, mis hijos, mis padres, mis amigos y con una genial fiesta sorpresa para mí. En un segundo se me quitó el cansancio.

¿A ti te gustan las sorpresas? Es una emoción básica que se activa con mucha facilidad. Considero que las personas no se niegan a la sorpresa, sino a los sentimientos o emociones que vienen después. En el caso del impacto con el auto, siguió la ira, el miedo y la tristeza. En el caso de mi cumpleaños, acudió la alegría.

▶ Emociones básicas para construir sentimientos

Al conocimiento que el ser humano tiene de sí mismo, sobre su existencia y su relación con el mundo, se le llama consciencia. Elevar la consciencia conlleva la implicación del acto reflexivo en todo lo que hacemos. Esto empieza haciendo un alto para observar lo que estamos experimentando, habitar tu propio interior, para después darle nombre con precisión a lo que sientes y responsabilizarte de lo que puedes hacer con eso. Date cuenta de lo que sientes y piensas. De la cara y gestos que pones ante ciertos estímulos. Del dolor que te viene al pensar en algo que te disgusta. De la emoción que se presenta en ti cuando alguien querido toma una decisión que no coincide con tus expectativas. Tres sencillas preguntas ante una emoción:

1. ¿Qué estás sintiendo?
2. ¿Qué estás pensando?
3. ¿Qué puedes hacer para soltar o construir un estado de mayor bienestar?

Quiero llevarte de vuelta al automóvil en el que vas conduciendo a lo largo de una carretera. Ya sabemos que los 6 focos rojos son las emociones básicas, el kit que todos tenemos para adaptarnos.

Una emoción básica por sí misma no genera un sentimiento. Es una elaboración más compleja de pensamiento. Es cuando agregamos el proceso de cognición que obtenemos uno, dos o 10 de los más de 300 sentimientos que podemos albergar. Existen diferentes metodologías o herramientas para clasificarlos. Uno es la rueda de los sentimientos de la doctora Gloria Willcox, otra es el Universo de las Emociones de Eduard Punset, Rafael Bisquerra y PalauGea.

¡Se han registrado 307 emociones y sentimientos! Sí, son muchísimos. Justo esto es lo que complica su reconocimiento. Nosotros los creamos, pero no precisamente a nuestra voluntad. Respuestas fisiológicas en combinación con nuestra percepción, circunstancias en nuestra vida, cultura, creencias: todo sumado a nuestra personalidad, provoca un extenso catálogo de sentimientos.

Cada emoción básica abre paso a los sentimientos, y esto tiene sus propios matices. No significa que vivas un sentimiento específico o esperado después de la emoción. Lo mejor es tomar consciencia de la emoción básica que lo generó, aceptar su mensaje y tomar acción para gestionarla.

A continuación, algunos de los sentimientos que alguien puede experimentar derivados o asociados a cada emoción básica:

- De la alegría: optimismo, entusiasmo, diversión, agradecimiento, alivio, esperanza, amor, inspiración, receptividad, aceptación, confianza, poder, respeto, juego.
- De la tristeza: soledad, decepción, desilusión, nostalgia, melancolía, abandono, apatía, anhelo, discriminación, vulnerabilidad, tormento, desaliento, melancolía, preocupación, pesimismo, desconsuelo, distancia.
- De la ira: frustración, impotencia, resentimiento, odio, celos, indignación, rebeldía, cólera, rencor, hostilidad, agresividad, envidia, amenaza, furia, exasperación, tensión.
- Del miedo: ansiedad, preocupación, angustia, agobio, incertidumbre, estrés, cobardía, indecisión, desconfianza, vergüenza, inseguridad, pavor, fobia, desasosiego, susto, inestabilidad, perturbación, humillación, sumisión, inferioridad, pena.
- De la sorpresa: confusión, sobresalto, desconcierto, efusividad, admiración, inquietud, curiosidad, expectación, pasmo, asombro, bochorno, impresión.

- Del asco: aversión, desaprobación, decepción, repugnancia, evasión, rechazo, culpa, consternación, sarcasmo, vergüenza, aborrecimiento, repulsión.

Ilustremos cómo una emoción se convierte en un sentimiento. Hace unos días mientras cocinaba hot cakes para desayunar, recibí un mensaje en mi celular. No lo revisé inmediatamente. No lograba encontrar la mantequilla y era el momento ideal para agregarla. Cuando mi obra maestra culinaria estuvo completa y llamé a mi juzgado personal (mi familia), tomé el teléfono. El mensaje de texto me impresionó:

"Edith, gracias a tu enseñanza pude perdonar y agradecer la aportación de mi padre en mi vida. Pude despedirme sin resentimiento, solo en amor. Gracias".

Leí el nombre de la remitente y me limité a sonreír.

Estela era una mujer reservada cuando llegó a sesión conmigo. Me agradó el timbre de su voz y juntas trabajamos en reconocer los sentimientos que la hacían sentirse herida y constantemente la limitaban. Queríamos entender de dónde provenían. Cuál había sido la suma de emoción + cognición que había generado resentimiento en ella.

Tenía cuatro años cuando sus padres se separaron. Ambos decidieron tomar otros caminos y aquella fue la última vez que vio a su papá. Había sido un padre cariñoso. Este recuerdo no duró mucho para Estela. Aquella ruptura significó años de carencia para la familia, la cual se conformó por ella, su madre y sus hermanas.

Estela tuvo que trabajar desde muy joven. También a temprana edad aprendió que todo cuesta y que algunas personas deben esforzarse el triple para conseguir lo que a otra persona le lleva menos tiempo.

La emoción básica que Estela vivió fue la tristeza. A sus cuatro años estaba acostumbrada a recibir atención y cariño de papá y mamá. Dejó de percibir amor de una parte y se percató de que él no regresaba más.

Su tristeza más el conocimiento de un hecho infalible ("mi papá no regresará") se tornó en soledad. Con el correr de los años se transformó en abandono, hasta llegó a sentirse culpable por la ruptura de sus padres.

Cuando Estela fue mayor resolvió que las horas de trabajo desde joven, la constante preocupación por conseguir dinero para su casa y los problemas de su familia, se debían a la ausencia de su padre. Sintió rencor. Este fue el sentimiento que más imperó en su historia de vida y llegó a entintar buena parte de sus recuerdos.

Estela intentó olvidar que alguna vez había experimentado el cariño de un padre. La imagen de él se convirtió en otra muy diferente y dolorosa.

Esto fue todo lo que trabajamos en varias sesiones. Finalmente logró entender sus sentimientos, nombrarlos e identificar de dónde venían. Un día, un bello día, aceptó que las personas tienen la libertad de tomar decisiones y que la ausencia del padre no se relacionaba a su valor personal. Comprendió que cada ser humano tiene sus propias razones y que estas son individuales. También pudo honrar y agradecer a su madre por todo lo vivido y comprendió que fue su elección convertirse en la proveedora de su hogar.

El avance de Estela fue consistente, incluso pudo recordar los cariños de su papá. Tenía más de 40 años cuando recibió la noticia de que su padre había fallecido. Decidió cumplir con el proceso de duelo conforme a lo que su padre significó para ella. Luego me envió aquel mensaje de texto y endulzó, todavía más, mi desayuno.

Estela aprendió a gestionar sus emociones a su favor. Este es el gran beneficio al que podemos llegar cuando reconocemos nuestros sentimientos y emociones y nos adaptamos a las circunstancias procurando nuestro balance interno.

Si has perdido alguna vez tu trabajo, recordarás que las primeras emociones que se sienten son el miedo o la tristeza. Estas pueden desembocar en un estado emocional si no las entendemos. El miedo sirve para activarnos y salvarnos de un peligro; la tristeza, para evidenciar que perdimos algo.

Si caemos en la sensación de inutilidad nos vamos a frustrar. Esto nos lleva a una baja o nula productividad. Ninguno de estos resultados es el "propósito" o "meta" de las emociones. Lo que indica es que no estamos aprovechando nuestros sentimientos a nuestro favor.

Otro ejemplo de gestión emocional puede ser la profunda tristeza generada por la pérdida de una querida mascota. ¿Cómo vives este momento y proceso?

- Te abres a mirarte con compasión
- Aceptas y comprendes tu sentir
- Entiendes que habrá un periodo en el que puedes sentirte triste, otras veces enojado, y eso es parte del proceso.
- Encuentras la otra cara de la moneda: si esta tristeza apunta hacia una ausencia de la mascota (y es inevitable), decides recordar los buenos momentos y agradecer.
- Finalmente decides con respecto a tu sentimiento: donas los artículos de la mascota a un centro de animales rescatados o adoptas una nueva.

Abrazando la esperanza, podemos salir de las tormentas emocionales. Merecemos vivir en bienestar. Gestionar es decidir qué hacer con lo que siento, pienso y qué elijo hacer de manera consciente para no permanecer en este estado y moverme a uno más productivo y positivo.

Está en tus manos aprender a aprovechar cada sentimiento. Las emociones nos avisan y por su brevedad e intensidad nos pueden llegar a descolocar, pero los sentimientos sin identificar o gestionar pueden afectar desde nuestra salud hasta nuestras relaciones.

Te cuento un evento personal en el cual aproveché mi sentimiento. Después de tres años aún tenía una herida generada en mi relación con una persona. Un día resolví hacer algo para arreglar la situación. Ni yo ni nadie tiene la necesidad de estar reviviendo emociones y sentimientos pasados que no edifican. No olvidemos que nuestro cuerpo resiente esta bola de estímulos y podemos lastimarnos. Sobre todo, ¿para qué almacenar emociones hirientes?

Me preparé para liberar espacio de memoria interna —realmente interna— y quise buscarla. En esta fase me correspondía ceder y aceptar para concluir el ciclo.

No tuve respuesta de su parte. Me tensé más por la imposibilidad de alcanzarla, pero convencida de lograrlo superé a mi emoción básica, nombré a mi sentimiento y busqué otra alternativa. Le envié un mail explicándole mi propuesta para una solución. Desconozco si va a contestar. No lo sé. De lo que sí estoy segura es de mi decisión hacia lo que me daba tranquilidad. Justo como comprobé con Estela, en cualquier situación de resolución de conflicto los resultados son para quien los trabaja. Independiente de las decisiones de su padre, Estela se quedó con los resultados de su propio trabajo.

Esto es claro, no sanamos para los demás. Sanamos para nosotros mismos.

Cuando tenía seis años me escogieron para estar en la escolta de la bandera en la ceremonia de graduación del jardín de niños al que asistía. Mi madre estaba de luto en esa época porque había fallecido mi abuela: no salía a la calle más que para atender misas. Vestía de negro y cubría su cabeza. Sabía perfectamente que mi madre estaba triste, a pesar de que no entendía a cabalidad su dolor. Después de todo yo era una niña y quería seguir recibiendo el mismo nivel de atención de mi mamá.

El día de mi graduación me sentí enferma y desilusionada. Estaba muy linda y arreglada esperando a que mis padrinos me recogieran. Mi mamá les había pedido que me acompañaran al evento público de graduación. Mi amiga, su hija, estudiaba en la misma escuela, así que, aunque ellos eran mis acompañantes no iban exclusivamente a verme a mí. Los padres de mis compañeros sí asistieron solo para ver a sus hijos. A cada niña graduada, su familia le llevó un ramo de flores. A pesar de que mis padrinos me llevaron uno, me sentí sola y hasta abandonada porque mi mamá no estuvo.

No era culpa ni de ella ni mía. Simplemente así sucedieron las cosas y te cuento cómo lo sentí. Esta es una de mis primeras experiencias de una emoción más cognición convertida en sentimiento. Hoy puedo nombrarlo. En ese entonces solo me dieron ganas de llorar y de reclamar a mi mamá su ausencia.

Somos seres espirituales, pero también habitamos un cuerpo que se expresa con emociones y sentimientos que surgen para que nos adaptemos y para mejorar nuestra vida. Surgen para que nos sintamos vivos. Sin ellos seríamos una tabla, una mesa, un mueble. Si quieres sentirte humano toca tus emociones: no escapes de ellas.

Tenemos la capacidad de elegir los sentimientos con los que nos queremos quedar y aquellos a los que queremos transformar. Tenemos el poder de poner un límite a la hora de lidiar con aquello que nos resta, nos secuestra y nos ata al pasado. Ante algunos sentimientos nos sentimos pesados o definitivamente no podemos describir con palabras lo que nos dice nuestro cuerpo. ¿De dónde viene esta incomodidad? Pues proviene justamente de las emociones que somatizamos en el cuerpo. A mí se me traba la mandíbula cuando estoy estresada; a otras personas les duele el tronco y se tensan los músculos de su espalda.

¿En qué parte de tu cuerpo se manifiesta el estrés? ¿Dónde sientes el miedo? ¿Dónde percibes la alegría? ¿Qué pasa en tu cuerpo cuando algo te parece muy desagradable? ¿Cómo expresa tu cuerpo el enojo?

La percepción queda reducida precisamente en la interpretación. La sugerencia es abrir el diálogo en vez de hacer un prejuicio.

Las personas somos termostatos emocionales. Tenemos la habilidad de regular nuestra temperatura emocional. La emoción no la podemos elegir, pero los sentimientos sí. Hasta podemos propiciar la generación de sentimientos específicos y positivos para nosotros.

En este capítulo te invito a que reconstruyas y limpies tu cuarto interior. Como diría Voltaire:

"Cuida tu jardín"

Esta expresión se acuñó gracias a su obra *Cándido o El Optimismo*. En este libro se narra el viaje emprendido por tres amigos alrededor del mundo. El trío busca una manera más pacífica, enriquecedora y responsable de conducir su vida. Esta forma debía alejarse de la sensación de vacío que predominaba en la época. Básicamente con este libro Voltaire buscó generar una crítica a la sociedad. Él consideraba que ni la ciencia ni la política ni la religión eran la solución al problema existencial experimentado por varios individuos.

La ciencia solo arrojaba más dudas; la política creaba polos opuestos; la religión era una estructura vertical y opresora. Por lo tanto, según el pensador francés, ninguna de estas tres arrojaba un resultado tan optimista para solucionar las inquietudes de varios de los filósofos de aquella Francia caótica y desordenada. Por esto mismo es que su obra se llamó *El Optimismo*.

En la narración, finalmente los tres amigos arriban a Turquía. Aquí conocen, sin proponérselo, a un hombre que les enseña una gran lección. Cuando le preguntan si conoce el nombre del mandatario de la región, el hombre les contesta que no, que tampoco recuerda el del último gobernante ni le interesa cuál será el que sigue.

Esto es sorprendente ya que los amigos están acostumbrados a un mundo donde estos son datos indispensables que cada ciudadano tiene que conocer. Conforme avanza la conversación, se dan cuenta de que este hombre es bastante sencillo. Lidera una familia funcional compuesta por esposa e hijos. Todos se dedican a cultivar sus hectáreas. De esta tierra cosechan lo suficiente para comer y para obtener ganancias.

Así se genera el mensaje final del libro: cuida tu propio jardín. La moraleja de la frase radica en la importancia de cultivar tu jardín interior y de sembrar flores. Nunca olvides que tanto la cosecha como los resultados son única y exclusivamente de quien los trabaja.

Si estás inmiscuido en la ciencia, la política y la religión, pero no te preocupas por tu interior, difícilmente serás optimista. Si no te concentras en lo más cercano a ti (tu persona y tu familia), no podrás contestar tus interrogantes más profundas. Si no trabajas en tu interior, revisas tus emociones y las gestionas, serás arrastrado por una serie de sentimientos sin nombre ni etiqueta, como en el caso de Estela.

Open your Box

Utiliza la visualización para detectar cómo experimenta tu cuerpo tus sentimientos. Esta técnica nos permite tomar ventaja de que el cerebro no distingue entre realidad y ficción.

Imagina que cortas un limón a la mitad y te lo llevas a la boca. Siente el jugo ácido, cómo se contrae tu boca y genera más saliva. Parece que de verdad te estuvieras comiendo el cítrico, ¿cierto? Así funciona la visualización.

Para continuar con este ejercicio, debes encontrar un lugar sin distractores. Una vez que estés ahí, inhala y exhala profundamente tres veces sin que otros pensamientos llenen tu mente. Date permiso de sentir a tu cuerpo para identificar dónde estás tenso. Escúchalo sin juicios.

En un estado de calma y de relajación te será fácil visualizar un momento de tu vida: imagina que tienes frente a ti a una persona que dejaste de ver, en alguna práctica en tu vida que decidiste cambiar o en algo significativo que soltaste aun a costa del juicio de los otros. Como con el limón, la idea es que visualices ese instante y te veas claramente como en un espejo. Percibe tu cuerpo, tus reacciones, tus pensamientos. ¿Qué sientes? ¿Cuál es esa emoción convertida en sentimiento que limita tu bienestar?

Ahora estás lista para completar la siguiente frase: "Esto es lo que estoy sintiendo".

Compruébalo: al describir lo que sientes con diferentes palabras que se asocian con la emoción primaria, identificas los sentimientos surgidos ante lo que logras visualizar.

Toma consciencia de tus máscaras y a volar

▶ Máscaras

La muerte de Robin Williams fue un evento doloroso y sin explicación. ¿Cómo era posible que aquel actor tan brillante se hubiera quitado la vida? Después del impacto general, surgieron una serie de teorías. La más repetida fue que era una persona altamente deprimida quien solía refugiarse detrás de una máscara de alegría para que los demás no notaran su estado emocional.

Cuando una emoción predomina o es exagerada, tenemos que atenderla. Puede que sea genuina, pero también puede ser un mecanismo de defensa.

Si notas que una de las personas con las que convives suele estar siempre muy alegre, te sugiero que analices la veracidad de su emoción. Lo mismo si siempre está triste o iracunda.

Actualmente existen diferentes voces y filosofías que hablan sobre sonreír, estar bien, activar el botón del positivismo. Si bien las emociones son de alta intensidad y de corta duración y pueden producirse con cierta facilidad, tienen funciones adaptativas, motivacionales, sociales o comunicativas. ¿De qué nos sirve esforzarnos por aparentar estar eternamente alegres?, solo nos distraerá de otros temas que merecen nuestra atención.

Hace muchos años un fotógrafo decidió fotografiar la felicidad. Recorrió el mundo capturando la sonrisa de las personas que argumentaban ser las más felices. Conoció a un monje budista y cuando le pidió que mostrara su rostro feliz, el monje no cambió su gesto. El fotógrafo estaba sorprendido. Repitió la consigna. El monje solo miró a la lente. Después le explicó al fotógrafo que era feliz: no necesitaba cambiar su rostro porque "esa" era su felicidad.

Muchos se esfuerzan por mostrar los momentos más alegres y significativos de su vida. En el caso del monje hay un dato crucial: la alegría y la felicidad no son lo mismo. Por eso el monje no tuvo por qué cambiar su postura ni alterar su sonrisa. La felicidad es un estado mayor. La alegría sí nos lleva a levantar las comisuras y reír. La felicidad es una sonrisa en el interior, en nuestra alma, una actitud para vivir cada día. Por esto, Robin Williams pudo fingir su felicidad. La gente confundió su alegría con su felicidad.

Mucha gente pretende su alegría, otros optan por la tristeza. Son expertos para encontrar lo negativo y quejarse. Suelen portar un rostro desanimado. Se convierten en víctimas de su propio secuestro emocional. Les gusta mostrar que no es suficiente lo que les rodea, que para ellos el pasto siempre será más verde del otro lado. Generalmente estas personas hacen esto porque obtienen una retribución, un beneficio. Se dice que un rostro entristecido es el que más empatía provoca. Se reconoce casi de inmediato y la mayoría de las personas tendemos de algún modo a apoyar a quienes atraviesan dicha situación.

Justo como la alegría, la tristeza no es eterna a menos que la busquemos con frecuencia. Cuando nuestra química cerebral favorece un estado de tristeza, o cuando nuestra memoria emocional cree más conveniente estar triste, entonces nos acercamos a un peligroso límite entre sentimiento y estado de ánimo. Podemos caer en una depresión.

Muchos adultos aprenden a fingir su felicidad porque sus papás se los pidieron de niños. Sucede con mucha frecuencia en casa cuando los progenitores delegan a los hijos la función de "equilibrar" el ambiente doméstico.

- "Sonríe hijo, para que mamá se sienta mejor".
- "Con esa cara larga tu papá se pondrá muy triste".
- "No llores porque yo también voy a llorar".

Muchos papás repiten estas frases sin saber qué están provocando en sus hijos. La realidad es que aun cuando no se lo propongan así exactamente, su actitud resulta en un programa mental que asocia fingir la alegría con que los demás se sientan mejor.

En el caso de la tristeza, están los niños que descubrieron que sus berrinches eran fructíferos. Aprendieron que un puchero o una amenaza sentimental se traducía en un regalo o una sorpresa. Cuando estos niños se convierten en adultos, si no gestionan sus emociones, suelen promulgar sus emociones o sentimientos para que los demás acudan a consolarlos.

¿Has notado que sueles usar una queja cuando alguien te está enfrentando? Es probable que suelas recurrir a la tristeza para no afrontar las consecuencias de tus actos. Si cuando alguien te está enfrentando acudes a un chiste o a una broma, quizás no quieres aceptar lo que se te está diciendo porque te duele mucho escucharlo.

¿Cómo podemos deshacernos de estas máscaras?

Las máscaras son el intento de mostrar una cara diferente, guardar las apariencias, ocultar lo que sentimos. Con la máscara buscamos estar cerca del otro, pero cada vez más lejos de nosotros mismos.

Los seres humanos tenemos dos conductas en común: huir del dolor y buscar el placer. Evitamos mostrarnos tal y como somos porque hay algo que genera malestar, o debido a la recompensa tras utilizar la máscara.

La encomienda es tomar consciencia sobre la máscara. Reconocer de dónde y para qué la utilizamos. Asumir con valentía nuestro liderazgo emocional para trabajar en aquello que necesita ser atendido.

Algunos mecanismos los aprendimos de la televisión, la literatura o el cine. Es bien sabido que el género romántico en las películas ha mermado sobremanera en los hábitos conductuales de muchísimas parejas. ¿Cuándo nos hemos detenido a pensar si los celos son nocivos en vez de una "verdadera prueba de amor"?

Las emociones son genuinas. No vienen acompañadas de algo más. Una vez que cumplen su función, se marchan. No surgen para que las exprimamos y las usemos como nuestras máscaras. Recuerda que el manejo incorrecto de las mismas puede generarnos sentimientos que nos limitan o nos restan energía.

Actualmente es muy común escuchar casos de personas que sufren de ansiedad y depresión. Las circunstancias adversas también contribuyen en el incremento de esto. El ambiente general de incertidumbre avienta por la borda muchos planes, pero también muchos mecanismos de defensa que antes funcionaban.

Open your Box

Quiero aprovechar para proponerte un juego, una sincera actividad para que te conozcas más y mandes al basurero las máscaras emocionales que hasta desgastadas tenemos por la frecuencia de uso.

Este juego es todo lo contrario a cubrirse con una máscara. ¡Es lo opuesto! Es jugar con entusiasmo *Open your Box*. ¡Se trata de abrir nuestra caja! ¡Vamos con una carta a despedirnos de los sentimientos que están dentro, que nos secuestran y no nos dejan ser libres!

Para este juego necesitas hacer lo siguiente:

- Busca patrones que repitas ante situaciones donde experimentas malestar emocional. Por ejemplo, ¿qué sueles hacer cuando te dicen algo que te desagrada o te entristece? ¿Escuchas, te alejas, cambias el tema?
- Anota y traduce. Escribe la actividad de la forma más objetiva posible: "Cuando mi pareja se molesta conmigo, salgo a comprar cigarrillos". ¿Cómo traduces esto a una emoción? ¿La pelea te genera ira, tristeza o miedo? ¿El acto de fumar es para distraerte o para pensar mejor?

- Di adiós con una carta. Una vez que te percatas de que realizas determinada acción porque una emoción que convertiste en sentimiento lo provoca, estás lista para escribir. Regresando al tema del cigarro, posiblemente sea ansiedad y el cigarro funciona como distractor y relajante. Tu carta se conformará de entendimiento, gratitud, utilidad y desapego. Te explico cada uno:

    - **Entendimiento:** Reconoce la emoción, llámala por su nombre y detecta su origen.
    - **Gratitud:** Di gracias. Te sirve para alcanzar cierto equilibrio o estado necesario.
    - **Utilidad:** Demuestra que has sabido aprovecharla.
    - **Desapego:** Despídete, déjala ir.

Ahora escribe. Este es un juego sincero. No se trata de sorprender a nadie, sino de comprenderte mejor y caminar hacia una gestión más acertada y al liderazgo de tus emociones y sentimientos. Diviértete, escribe, despídete y sigue sintiendo. El siguiente es un ejemplo, tu carta será tan especial y única como tú.

Querida ansiedad:

Sé que estás ahí y que vives conmigo. Me he dado cuenta de que te presentas cuando no quiero aceptar lo que me está sucediendo en el aquí y el ahora. Cuando te siento, suelo distraerme con cigarros. Fumar me relaja y hace que no te piense tanto.

Hoy decido cambiar el cigarro por un bolígrafo, así me serás más útil que si te intento evitar.

Gracias por aparecer: sentirte es un síntoma de que estoy inconforme con algo. Algo que casi siempre puedo cambiar.

Ya te sentí, te aproveché, me orillaste a pensar con claridad y estoy agradecida.

▸ ¿En qué nivel de la pirámide estás?

Las emociones se experimentan en el tiempo presente y te dan información de lo que para ti es importante. Con la ayuda de las emociones respondemos a lo que nos ocurre. Según la teoría de la motivación de la pirámide propuesta por Abraham Maslow, los individuos tenemos diferentes necesidades que debemos de cubrir antes de ambicionar otras como el sentido de pertenencia o la autorrealización.

La teoría propuesta por Maslow en 1943 se representa con una pirámide dividida en niveles. Cada nivel representa ciertos tipos de necesidades diferentes. Solo hasta que un nivel esté completamente satisfecho, se puede ascender al siguiente.

En la base se encuentran las necesidades fisiológicas; en el siguiente nivel, las de seguridad; luego las sociales seguidas por las de estima o reconocimiento; y en la cúspide, las de autorrealización.

Has pensado: ¿En qué nivel de necesidades te encuentras? Y una pregunta recurrente y honesta: ¿Por qué te sientes frustrado en este momento?

Esta información sirve para llegar a una toma de consciencia, a una reflexión, a una introspección. Si expresas: "Quiero realizar este sueño", pero estás entregada a sacar adelante a tus hijos y cubriendo apenas las necesidades básicas, es preciso llevar a cabo un plan que pueda hacerte subir el peldaño de otra necesidad.

La teoría de Maslow se usa con frecuencia en marketing y publicidad para entender la motivación de compra de los consumidores. Cada individuo se encuentra en un nivel diferente dependiendo de las circunstancias de su vida. Por ejemplo, durante una circunstancia crítica, muchas personas se vuelven más vulnerables en algunos aspectos. Otras descienden niveles y se dedican a cubrir solo sus necesidades fisiológicas. Por lógica, es prioritario decidir qué comer antes de qué tipo de amistades cosechar. No podemos aspirar a mejorar en cierta materia si no hemos dormido bien. Tampoco seremos capaces de gestionar nuestras emociones si el refrigerador está vacío y el pago de renta pendiente se multiplica.

¿Conoces a una de esas súper heroínas que trabajan, estudian y se encargan de sus hijos? Seguramente sí. Es común escuchar historias de madres solteras que consiguen proezas increíbles. En su mayoría lucen cansadas, pero continúan sin chistar. No pueden quejarse porque esta actividad no cabe en sus actividades. Para cualquiera que no esté dentro de su situación hay obstáculos al comprender sus motivaciones, porque puede parecer que se han olvidado de sí mismas con el fin de satisfacer pirámides ajenas. Esto es enteramente cierto. Estas madres no dormirán para estudiar y así obtener una certificación y ganar más dinero. El dinero no es para comprar mejor ropa o irse a lugares exóticos. No, ellas buscan ganar más para que sus hijos tengan una mejor educación.

Las madres solteras no se desvelan para ellas, se desvelan para el futuro de sus hijos. Para confeccionar disfraces para la escuela, para ayudarlos a estudiar, para trabajar horas extra y pagar las mensualidades. Ellas no piensan en el estatus o en alguna necesidad social. Cuidan sus niveles más básicos, pero impulsando a sus hijos a llegar a los más altos.

Conforme nuestra vida cambia y se transforma, nuestras motivaciones y necesidades también. Estarán reguladas de acuerdo con la pirámide de Maslow. Es decir que ni una madre soltera, ni un joven emprendedor con cuentas bancarias millonarias, se preocupa por tener una pareja estable si le duele el estómago o necesita ir al baño. La jerarquía de necesidades tiene un orden, pero las particularidades de cada nivel dependen de la personalidad. Para la madre, el reconocimiento que ella necesita y desea es de parte de sus hijos; para el emprendedor, el de sus clientes.

Te contaré de una mujer a la que admiro mucho. Ella tiene cuatro hijos y durante muchos años estuvo sola en la crianza de sus pequeños. Ya que su organización era ejemplar, comenzó un curso para certificarse como coach. A la par de sus actividades y su curso, planificó su boda. Si has organizado uno de estos eventos, sabrás el esfuerzo que significa, aparte de la atención a los detalles.

Lo que más admiro de esta madre son sus ganas de contribuir y de provocar un cambio.

Hace poco vino a sesión y la noté muy abatida. Me dijo que se sentía desilusionada con ella misma, incluso que se consideraba una persona mediocre. Esto último debido a que no estaba realizando las tareas de su curso en tiempo y forma.

Repasemos su caso: su rutina cambió drásticamente porque se casó, está lidiando con un nuevo rol dentro de su casa, mantiene la responsabilidad sobre sus hijos, trabaja y se está preparando para ser coach.

Se puso tantas cosas encima, que evidentemente en algún punto podía fallar.

Después de escucharla le dije que solemos trazarnos muchas metas y queremos cubrir la autorrealización que en su caso es el éxito profesional.

—¿Cuáles son tus cinco prioridades? —pregunté.

Hizo una breve reflexión:

—Mi primera necesidad son mis hijos menores en la escuela. También mi trabajo, mi familia y mi relación con Dios.

Sé que también lidera una comunidad de mujeres y que esta actividad es muy importante para ella.

—Aquí la clave es la siguiente —le expliqué—: el día tiene 24 horas y hay muchas prioridades por cumplir: la familia, el trabajo, las labores como madre y esposa. Además, tenemos necesidades para mantener elevada nuestra autoestima y alcanzar la trascendencia. ¿Cómo eliges distribuir tus 24 horas para cubrir tus prioridades? ¿Hay algo de lo que estás haciendo ahora que se pueda hacer en un mediano o largo plazo?

En el caso de Rebeca y Sergio, por ejemplo, hay una práctica de Inteligencia Emocional. Entre los dos aprendieron a nombrar lo que sentían, se motivaron mutuamente, y con el tiempo y el reconocimiento emocional pudieron hacerse responsables de sus reacciones, del lenguaje de su mente y de su cuerpo.

Si existe la interacción humana, existe también la posibilidad de practicar la Inteligencia Emocional. Como cualquier tipo de inteligencia, la emocional requiere de esfuerzo, paciencia y acción todos los días.

Pensemos en aquellos hogares del siglo pasado. En una familia tradicional, lo común era contar con padre, madre e hijos. Siempre en plural. Los horarios de todos los integrantes eran similares y se contaban con espacios para convivir, como el momento del desayuno, la comida y la cena. Los hermanos mayores apoyaban con algunos aspectos de la crianza de los más jóvenes. El padre cumplía con su obligación como proveedor y la madre cumplía con la suya como organizadora. Los códigos de comunicación se basaban en el respeto, la cortesía y la prudencia. La confidencialidad y la intimidad se compartía o se construía entre pocos miembros.

Imagina uno de estos hogares. Si creciste en uno similar o no, conoces el paradigma que estoy ilustrando. Los padres hablan y los hijos atienden. Cuando se convierten en adolescentes, tanto mujeres como hombres buscan su propia voz. Algunos pueden toparse contra la imposibilidad de expresarse adecuadamente, porque nadie los ha enseñado. Es cierto que saben formar oraciones, argumentar sobre determinadas cuestiones y conseguir lo que desean, pero ese refrán de "hablando se entiende la gente" ¿era verídico o solo un sueño colectivo?

En aquellas casas, como en muchas actuales, la respuesta obligada y esperada a "¿Cómo estás?" era "Bien". Y a la pregunta: "¿Pasó algo?", se respondía "Nada". Incluso existen chistes con relación a estos diálogos repetidos hasta el cansancio.

Por más que nos gusta referirnos a estos modelos de familia como viejos, sus esquemas de comunicación son actuales. Todavía no aprendemos a cambiar el *switch*. En gran medida es porque lo hemos intentado hacer cuando el *switch* está arriba.

Hasta la fecha replicamos aquellas dinámicas distantes. Pero los acercamientos y descubrimientos en el campo de la psicología y las neurociencias nos han impulsado a construir nuevas formas de convivencia y reconocimiento. La gestión emocional es cada día una necesidad en las empresas y hasta en las oficinas gubernamentales. Las personas conforman organizaciones y no al revés, por ello la Inteligencia Emocional es una herramienta para conseguir resultados positivos. Se gestionan las relaciones con menor dificultad cuando se comprende que el otro tiene un mundo emocional. La empatía favorece la cooperación e incrementa la productividad.

Aunque la variedad de definiciones sea muy amplia, en este libro entendemos a la Inteligencia Emocional como la capacidad de responder a lo que nos sucede desde nuestro mundo emocional: sensaciones, percepciones, nuestro propio conocimiento, nuestra motivación y la valoración personal y la de los otros. Si lo hacemos de esta manera vivimos la vida de una manera asertiva.

¿Qué significa ser asertivo? La primera parte del concepto asertividad nos refiere a la responsabilidad: solo seremos asertivos si nos hacemos cargo de nuestros sentimientos. Una vez que los hemos identificado, tenemos que definir qué hacemos con ello y cómo lo comunicamos a los demás respetándonos a nosotros mismos y a los otros.

¿Qué haces cuando te sientes abrumado o triste? ¿Cuentas con los mecanismos suficientes para detenerte, respirar, centrarte y analizar tu situación? Quizás muchos contesten que sí. El grueso de la población no sabe que puede detener su ritmo y dedicar tiempo para su interior. Nuevamente, la práctica está muy lejos de nuestra rutina. Entre más conocimiento tengamos sobre nosotros, nuestra capacidad para responder será más consciente. Mejoraremos nuestra circunstancia y repercutiremos positivamente en la de los demás.

A pesar de la invisibilidad de la Inteligencia Emocional durante tanto tiempo, hoy sabemos que es muy importante y que no podemos relegar nuestras emociones a un segundo término. Como ya vimos, es un tema pendiente que tenemos como sociedad y como civilización. Al practicar gestión emocional mejoramos nuestras relaciones. Estas se clasifican en tres rubros: la relación conmigo, con los demás y con el creador. La mejora de las relaciones repercute en nuestra calidad de vida porque somos seres sociales que necesitan de los demás.

La Inteligencia Emocional engloba aprender a conocernos a nosotros mismos, reconocer lo que sentimos, gestionar nuestras emociones, motivarnos, y ser empáticos con los demás. Gracias a la Inteligencia Emocional expandimos nuestra conciencia. Lo más valioso es que su práctica nos conduce a un mayor bienestar y a promover la ecología emocional: el cuidado responsable de nuestras emociones y de los demás, dando un nuevo significado y uso a las emociones para generar armonía en nuestro ser y respeto al entorno.

Ninguno de estos conceptos tiene que ver con las posesiones. No es sobre el tener, sino sobre el ser. Definir lo que sentimos y volvernos responsables nos permite reafirmar nuestra esencia y lo que somos.

Si te interesa mejorar tu Inteligencia Emocional, comienza por preguntarte qué piensas de ti, cómo te valoras y cómo es el diálogo interno que entablas contigo.

No solo se trata de letras y números. Nuestra capacidad intelectual debe alimentarse de valores sólidos como la compasión, la generosidad y la solidaridad. Los valores son el corazón de lo que somos, la evidencia del alma.

Recuerda que vives en tu cuerpo y que estás presente en tu vida, pero con esto no es suficiente. Si no nos responsabilizamos, si no buscamos el autoconocimiento de nuestras emociones, no podremos responder con honestidad ni asertividad. Si no nos centramos en la persona que somos y miramos a nuestras emociones de frente, será muy complicado dar ese gran paso en nuestra pirámide personal.

Open your Box

¿Tú has revisado que te mueve o en qué parte de la pirámide te encuentras? Realiza este ejercicio. Te servirá mucho para que alinees tus necesidades reales con aquellas que crees necesitar. Se nos han legado y enseñado muchas actividades y metas que en teoría tenemos que ambicionar. ¿Pero es cierto? ¿Todos queremos lo mismo?

Revisa dónde estás en la pirámide, cuál es tu emocionalidad y motivación, qué necesitas para mantenerte en ese nivel y qué mentalidad y sentimientos precisas para continuar subiendo.

Ten en cuenta los siguientes puntos:

- Define en qué nivel de la pirámide estás
- Establece tus prioridades y tus necesidades por cada nivel
- Considera que el día tiene 24 horas.
- También que hay meses y años por delante
- Alinea tus necesidades y prioridades

Por ejemplo, la prioridad es ayudar a mis hijos a prepararse para un examen y mi necesidad de reconocimiento es que ellos valoren mi esfuerzo. Entonces dentro de las 24 horas, les dedico una hora de estudio y podré conseguir paulatinamente tanto la prioridad como la necesidad.

Te invito a seguir estos pasos y a preguntarte lo siguiente: si nos enseñaran este acomodo y reconocimiento desde temprana edad, ¿nos sería más fácil satisfacer nuestras necesidades y enfocarnos en lo que nos produce mayor bienestar?

Cuando realices este ejercicio debes considerar algo muy importante y que siempre olvidamos a la hora de definir necesidades y metas: el día tiene 24 horas, pero la vida no termina allí. A veces sobrevaloramos tanto lo que podemos hacer aquí y ahora, que subestimamos lo que podemos lograr en el mediano o largo plazo.

No busques el poder afuera cuando no te has convencido del poder que tienes dentro

▶ Competencias: las otras 6 caras del dado

Rubén y Martín están nerviosos. Los dos participan como equipo en una competencia internacional de Física. Los amigos se han preparado durante muchos días para este gran momento. En un par de horas evaluarán su conocimiento y solo un equipo ganará y se llevará a su casa una suma importante de dinero. Los dos amigos quieren ganar.

Rubén se siente ansioso: algo en su interior se alerta. Ha escuchado sobre la fama y capacidad de los otros concursantes. Martín, por el otro lado, se siente relajado y hace todo lo posible por enfocarse en su propia voz y en lo que le corresponde hacer para ganar.

Los dos amigos están frente a una pantalla en la cual se muestran ecuaciones y problemas complejos. El primero de los equipos que logre resolver el ejercicio, pasará a la última ronda. En comparación con Martín, Rubén es mucho mejor con este tipo de ecuaciones. Esto no acompleja en lo más mínimo al joven. De hecho, justo cuando lo piensa se da cuenta de que está perdiendo energía intentando resolver algo que su amigo sí logrará, claro, con la motivación suficiente.

Martín entonces se acerca a Rubén y le susurra algo. Rubén tiembla hasta que escucha lo que dice su amigo, después cierra los ojos, respira profundamente, se toma unos segundos, abre los ojos, y repentinamente fluye la respuesta.

¡Los amigos ganan y pasan a la última ronda! Tanto uno como el otro están profundamente agradecidos con la inteligencia de su amigo. Rubén y Martín conforman uno de los equipos con más potencial y resultados, porque son capaces de usar sus mejores habilidades y herramientas y ponerlas al servicio del equipo, logrando así conseguir lo mejor para ambos. Ninguno es más inteligente que otro. Rubén sabe más de números, pero Martín entiende mejor sobre la gestión de sus emociones. Eso fue justamente lo que lo llevó a decirle algo en el oído a su amigo. Optó por recordar un momento lleno de paz y tranquilidad que compartieron antes de la competencia. Prefirió enfocarse en crear esta estrategia para dar su apoyo a Rubén en cuanto a regularse y motivarse, en vez de concentrarse en la ecuación que no lograba resolver. La competencia emocional de Martín los encaminó a la victoria.

El descubrimiento de las competencias emocionales es reciente. Si bien hace un par de siglos se utilizaba la ignorancia general sobre nuestras emociones para poder manipular y controlar a las masas, desde las últimas décadas del siglo pasado un grupo importante de estudiosos de ciencias sociales se ha decantado en transmitir la importancia de conocernos y poseer el liderazgo sobre nuestras personas. Las competencias emocionales son básicas para mejorar el autoconocimiento, la toma de decisiones, para conseguir nuestras metas sin importar el rubro, para conformar grupos de trabajo, para actuar según nuestras necesidades y deseos y, muy especialmente, para motivarnos y para convivir de manera armoniosa con los demás. Tienen otras funciones vitales: protegernos, evitar el estrés, la ansiedad y hasta nos ayudan a dormir mejor.

Tomando como punto de partida la honestidad para hablar de nosotros mismos, podríamos deducir que nos falta reconocer nuestras virtudes y talentos. Fuimos educados para felicitar a los demás, cuando la persona más importante habita en nuestro interior. Las 6 competencias conforman un campo fascinante de descubrimiento personal y por supuesto, de gestión para poder aprovechar el aprendizaje y el beneficio. Las 6 competencias nos llevan a hacer introspección y a maravillarnos con todo lo que podemos lograr tan solo con utilizar lo que ya tenemos. En otros momentos nos llevan a reconocer aquellas habilidades o competencias que requerimos mejorar, conduciéndonos a tomar responsabilidad para transformar nuestros resultados con la intención de disfrutar un mayor bienestar.

Pasamos por la vida desconociendo algo tan importante y nuestro, luchando con factores externos con total inconsciencia de nuestra capacidad para resolver problemas, enfrentar los retos sencillos y los más complicados, disfrutar al máximo de la vida, amar, tener éxito en nuestros proyectos, ser felices con el día a día que se va presentando, mantener viva la fe y la esperanza de que nuestro diseño es perfecto para lograr el propósito mayor al que llegamos a este mundo. Si somos conscientes de nuestras habilidades y talentos, capacidades, conocimientos, aptitudes (¿te acuerdas de para qué eras bueno en la infancia?) seremos capaces de ser conscientes y valorar nuestro ser en toda su belleza y expresión, y desde ese nivel regular y gestionar los torbellinos emocionales reconociendo que tenemos el recurso más valioso en nosotros mismos. Estaremos más en nuestro centro, en el punto de equilibrio y de balance ideal para vivir una vida en plenitud. ¿Te interesa conocer de cerca las competencias emocionales de *de Open your Book*? Es momento de presentarte a cada una de las 6 caras del dado: las competencias emocionales.

> **Open your Box**

Con esta definición mínima de las competencias emocionales, pregúntate si estás cerca o lejos de usar esta habilidad. Recuerda que estamos jugando a conocernos. No importa si tu primera reacción es "estoy muy lejos". El objetivo de *Open your Book* es aprender y seguir aprendiendo siempre.

▶ Autoconocimiento

¿Te conoces a profundidad? Si la respuesta es sí, muchas felicidades, aunque estoy segura de que podrías ahondar un poco más y descubrir cosas nuevas de ti. De lo contrario, si la respuesta es "no" o "no estoy seguro", mi invitación es a abrirte de forma sincera, honesta y realista a tu propia introspección. El autoconocimiento no es una meta, es un camino que no concluirá mientras estemos vivos. No somos, estamos siendo. En este mundo se nos exige ser resilientes, para adaptarnos al constante cambio es trascendente continuar en conexión con nosotros mismos.

El autoconocimiento nos permite saber quiénes somos, cómo actuamos, qué sentimos y qué queremos en la vida, conocer nuestras fortalezas, nuestras áreas de oportunidad y nuestras limitaciones. Es introducirnos en nosotros mismos y aprender sobre lo que nos conforma. Nos lleva a conocer lo que necesitamos para estar bien y a interpretar nuestros pensamientos y las emociones que generan. La mitología griega tiene grandes lecciones de autoconocimiento sin contienda, es decir, amándote. La gran frase de Sócrates: "Conócete a ti mismo", nos invita a partir del propio conocimiento hacia todos los aprendizajes disponibles durante la vida.

El autoconocimiento es la puerta de acceso hacia nuestra comprensión donde se abre el camino hacia el propósito mayor. El autoconocimiento inicia con la apertura a un proceso individual de reflexión en el que la persona se hace consciente de su yo, de sus características diferenciadoras como cualidades, dones, talentos, así como de sus limitaciones, necesidades, aficiones y temores. Esta competencia implica:

- **Autopercepción:** la capacidad de percibirnos a nosotros mismos como individuos con un conjunto de características diferenciadoras.
- **Autoobservación:** darnos cuenta de nuestras conductas, nuestras actitudes y las circunstancias y el entorno en el que estamos.
- **Memoria autobiográfica:** la construcción de nuestra propia historia personal.

Como el pez que no sabe que vive en el agua, las personas, si no hacen un alto para reflexionar y cuestionar quiénes son, cómo viven, qué necesitan y para qué están aquí, simplemente, como el pez, seguirán nadando sin descubrir diferentes formas de ser, estar y vivir.

En el autoconocimiento se encuentran los pilares de nuestro poder: autoestima, autoconfianza, autorrespeto y autorreconocimiento.

Autoestima

La autoestima es fundamental para todos los aspectos de nuestras vidas. Es el GPS que guía nuestras decisiones. Va más allá del afecto que decimos tener para nosotros mismos: implica nuestra percepción personal en acción, desde la manera en que nos demostramos nuestra valía con conductas favorables o apachadoras hasta la implementación de límites que promueven nuestro respeto.

La autoestima se compone de autoimagen, autoconcepto y autoaceptación. Autoimagen es la representación mental que te has hecho sobre ti. Lo que entiendes que eres. Es la proyección de una imagen interna subjetiva que es nutrida por tus experiencias personales y los juicios que pueden hacerte las personas sobre quién eres y lo que eres capaz de lograr. ¿Cómo te ves y te describes a ti mismo?

Autoconcepto es aquella opinión que tenemos de nosotros. Influenciada por lo que creemos y pensamos de sí mismos. Es la manera en cómo te juzgas a ti mismo y te defines. Si tuvieras que hablar de ti: ¿Qué dirías?

Con un autoconcepto saludable y una mejor valoración de nuestras virtudes, seremos capaces de mantener una vida tranquila en todo sentido, incluyendo los aspectos laborales, sociales, amorosos, espirituales y familiares.

Autoaceptación implica la toma de conciencia de tus fortalezas, debilidades y limitaciones. Se da como resultado de una evaluación realista de tus talentos y habilidades. Autoaceptación es el sentimiento de satisfacción con uno mismo, independiente de las elecciones pasadas. Aceptar que has cometido equivocaciones y que tienes debilidades, pero sin dejar que te definan. Aceptar las cosas que no se pueden cambiar, perdonarte por decisiones que consideras equivocadas y que en su momento llegaste a pensar que era lo mejor de acuerdo con la situación o recursos con los que contabas. Aquellas conductas o emociones que está en ti cambiar, contemplarlas como áreas de oportunidad. Elegir y emprender acciones.

El autoconocimiento es la base de nuestra autoestima, que a su vez es fundamental en nuestra relación con nosotros mismos y con las demás personas. La autoestima se genera por lo que creemos de nosotros, cómo nos miramos, nos valoramos y lo que sentimos que merecemos.

Open your Box

Haz una pausa. Cierra los ojos, da un par de respiraciones hasta conseguir armonía en tu respiración y luego continúa leyendo.

Visualízate frente a ti mismo, obsérvate con la edad que tienes ahora, no te juzgues, solo sonríe, expresa para ti algo bonito, quizá lo resiliente que has sido hasta hoy, lo perseverante, felicítate por seguir de pie, sigue, toma un tiempo para hablar bien de ti como lo haces de las personas que más amas o admiras en la vida.

Autoconfianza

Es un estado mental positivo de fe y optimismo en sí mismo, confiar en tus capacidades, creer en que puedes lograr el éxito, es poner el foco en lo que sí eres, en las habilidades que sí tienes. La autoconfianza te predispone a una mirada particular del mundo. El tamaño de tus sueños y de tus metas personales están vinculadas de manera directa con la suficiencia que percibes en ti.

Tu confianza en ti mismo influye en la forma de apreciar las personas, los sucesos, las oportunidades, los desafíos y tu forma de responder ante ellos.

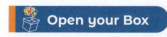

Open your Box

Las relaciones humanas sólidas y profundas se basan en el respeto ¿Cómo debería de ser la tuya contigo mismo?

Autorrespeto

Es la tolerancia o aprobación de uno mismo, significa verse a sí mismo como digno y valioso. Promueve la independencia y la autonomía. El respeto por uno mismo procura el bienestar e implica anteponer las necesidades propias a las de los demás, satisfacer nuestros valores, ser asertivos y coherentes con nuestros pensamientos, sentimientos y emociones. No quiere decir que nos convertimos en egoístas por pensar en nosotros mismos o en nuestras necesidades primero: partimos de que nadie puede dar lo que no tiene. Maslow señaló: "Solo podemos respetar, dar y amar a los demás cuando nos hemos respetado, dado y amado a nosotros mismos".

Cuando generas una relación, ¿estableces acuerdos y límites?

Autorreconocimiento

Es la valoración de ti mismo, de tus habilidades, talentos, capacidades y logros. Es la sana exaltación de tus cualidades únicas, de lo que aportas al mundo. La mayoría fuimos entrenados para ser buenos, no molestar, ser correctos, pero poco o nada nos enseñaron a vernos y a dar importancia a lo que somos, a valorar lo que hacemos bien, a promover nuestra valía, autenticidad y amor propio. Nos quedamos a la espera del reconocimiento externo, de papá, de mamá, del jefe, ¿y cuándo el propio? ¡Ahora!

Open your Box

Es momento de tomar una hoja y de hacer una lista de diez cosas por las que te felicitas. Lee en voz alta, permite que la alegría, el entusiasmo y el orgullo se expanda. Pega en un lugar visible tu lista. Cuando lleguen pensamientos de autosabotaje donde te descubras considerando que no podrás o que no eres suficiente para algo, ve a la lista, lee nuevamente en voz alta y conecta con las emociones que experimentaste cuando alcanzaste esos logros.

Al final se trata de voltear a vernos, amarnos, y crecer desde el amor propio. La única manera de practicar esta habilidad es abrirnos a convivir con quienes de verdad somos, sin intermediarios ni puentes. A muchos les puede costar toda una vida encontrar el momento y el silencio adecuado para ingresar a su alma, a su conciencia y comenzar un diálogo interno enriquecedor y esclarecedor. Date espacio y tiempo para conocerte, notarás una enorme diferencia entre quien creías ser y entre quien siempre has sido. Tendrás autoconciencia emocional y habrás dado el primer paso en la escalera de tu Inteligencia Emocional. Podrás hacer una reflexión constante sobre lo que experimentas y determinar lo que sientes e ir a buscar lo que hay detrás de tu estado de ánimo que repercute en tu bienestar.

Sentir es nuestro derecho y gestionarnos nuestra responsabilidad

Autorregulación

Esta competencia se refiere a la capacidad de tomar la responsabilidad de reducir la intensidad de los impulsos por emociones como el miedo, el asco, la tristeza o la ira. También de regular la alegría, por ejemplo, cuando intentamos reprimirla o contenerla.

Esta habilidad involucra la competencia previa. Solo si nos conocemos podemos saber qué nos enfurece o nos entristece o nos produce miedo. También comprenderemos nuestro comportamiento habitual ante determinada circunstancia. Según Viktor Frankl, creador de la logoterapia, la mejor manera de entender los factores que nos afectan es tomando distancia para poder apreciar la escena completa. Este es el camino a la autorregulación: tomar el tiempo de hacer una pausa para observar, y luego ser capaz de tomar el mando de gestionar nuestras emociones. Evitar la postura de víctima, dejando atrás el cuento de que otro me hace sentir esto o aquello, es cambiar a una postura responsable, expresando a su vez "me permito sentir esto".

Aquí es importante que nos demos el valor que realmente tenemos al sabernos capaces de hacernos cargo de lo que nos ocurre. Abrazar nuestro derecho a construir sentimientos y estados emocionales adecuados para resolver nuestros conflictos. Darnos cuenta de que hay cosas que nos suceden, que no se pueden cambiar, que son únicas y que nos mueven la vida; en las que hay que trabajar internamente reconociéndose, gestionando y aceptando. Pero hay otras que de verdad sentimos que no podemos tolerar. "Cada mañana es una oportunidad", así dice la frase, y creo que es reveladora, aunque a veces cuesta aprovecharla.

Los *imbalances* hormonales debido a un padecimiento biológico que tengo desde hace tiempo, provocan que algunas mañanas al abrir los ojos tenga emociones que a nadie favorecen, por supuesto que tampoco a mí. He terminado por aceptar la enfermedad, pero lo que no permito es que esas emociones dicten cómo será el día. Sé, dada mi práctica cotidiana con la competencia del autoconocimiento, lo que le ocurre a mi cuerpo, qué pensamientos le acompañan y cómo podría ser mi tendencia a la acción si no me regulo. Me enfoco en sentirme mejor con algunas acciones: ejercicio, meditación, y otras terapias de atención plena. Gracias a múltiples investigaciones sabemos el beneficio de nuestro cerebro y nuestro físico al hacer ejercicio, y qué decir de la meditación o *mindfulness* con el bienestar del cuerpo y la mente.

La autorregulación es similar a sentarte frente al mando de control total de tus emociones y leer los niveles, colores y botones que se presentan. No se trata de convertirnos en robots o autómatas, sino de saber qué está sucediendo, qué significado das a lo que estás experimentando para determinar la emoción relacionada y cómo puedes gestionarla para incrementar tu bienestar. Cuando se cambia el significado también la emoción puede cambiar.

SI VES LA VIDA DE OTRA MANERA, LA VIDA CAMBIA

Todos tenemos una disponibilidad emocional. Imagina que estás contento y llegas a tu trabajo para terminar la asignación que te ha dado el jefe, solo estas a la espera de que tu compañero te entregue la parte que le corresponde y seguir, pero te das cuenta de que no ha realizado su parte, lo que te impide avanzar en el proyecto. ¿Cómo reaccionarias? ¿Y si fuera la cuarta o la quinta ocasión que sucede lo mismo? No siempre reaccionamos igual al mismo estímulo. Tenemos diferente disponibilidad emocional en diferentes momentos, en diferentes contextos y factores.

Regular la temperatura de nuestro termómetro emocional cuando se ha elevado por emociones displacenteras, es vital para nuestro bienestar y el de nuestras relaciones. Por ello es importante conocer y practicar estrategias de regulación emocional. Aquí te comparto algunas:

1. La respiración

Hace unas décadas la televisión mexicana tenía un comercial que promovía el control de los impulsos. Decía: "Muchas veces las tensiones del trabajo hacen que nos exaltemos sin mayor razón y perdamos el control de nosotros mismos; cuando esto suceda, cuente hasta 10 mientras respira lento y profundo".

La respiración es una de las estrategias más efectivas de gestión emocional. "Antes de responder, cuenta hasta 10". Si sientes que la situación te rebasa, exhala, deja salir el aire que tengas acumulado e inhala llenando tu estómago, sostén la respiración durante unos segundos, suelta todo el aire. Repite la respiración al menos cinco veces y continúa respirando sin esforzarte hasta que tu respiración y tu corazón recobren su equilibrio. Esto te prepara para afrontar la situación que te ha inquietado.

2. Portero de tus pensamientos

En un entrenamiento de liderazgo, justo en el *check in* emocional, Sandra señala estar triste porque esa madrugada se enteró de la muerte de una querida amiga, y pregunta: "¿Cómo puedo deshacerme de los pensamientos negativos? Agarro caballetes mentales. Me pongo a pensar si me enfermo y muero, o si le ocurre a mi esposo o a mis padres. Después de recibir la noticia ya no dormí, solo de estar pensando en lo peor".

Así como a ella, a muchos nos ha pasado que nos sentimos incapaces de dejar de pensar en lo negativo. Cuando te suceda, te dices a ti mismo: "¡Basta!". Te recuerdas que eres el portero de tus pensamientos. Todo lo que dejes entrar depende de ti. Tienes que estar alerta. Atiende a lo que está en tu zona de responsabilidad, lo que sí puedes cambiar y date cuenta de lo que está del otro lado de la cancha y no te corresponde.

3. Salvaguardarte

Evita acudir a una reunión donde sabes que estarán presentes personas que identificas como disparadoras de tu ira. Cuando tengas que decir que no, para cuidar de ti, hazlo. Decir sí para complacer a otros a costa de tu bienestar emocional es un alto precio. Una estrategia de regulación es evitar exponerte porque conoces que te puedes irritar y frustrar.

4. Mirada apreciativa

Todos tenemos pruebas difíciles en algún momento, pero una vez que pasan dejan las mayores enseñanzas. Cuando esto suceda coloca tu mirada en lo que sí hay, elige una actitud de optimismo, valora, sé agradecido. Al principio te puede parecer difícil y hasta te puedes llegar a molestar, pero si lo logras te demostrarás a ti mismo que puedes afrontar las adversidades. Alimenta tu esperanza y descansa en tu fe.

5. Empatía

Estás en la fila del supermercado. Una mujer aparentemente en desesperación quiere meterse frente a ti. La puedes observar agitada y hasta nerviosa, la ves con desconcierto, ella con tono demandante te pide permiso para colocarse antes de ti y agrega "por favor". Te imaginas mil cosas: desde por qué no se espera hasta que tú también tienes prisa.

La empatía es fundamental para evitar que situaciones cotidianas te pongan de nervios. Si, por ejemplo, intentas ponerte en su lugar, verás que quizás su prisa obedece a algo realmente importante, su lenguaje corporal evidencia su impaciencia y sus ganas de salir del supermercado en la brevedad son porque tiene sus propios asuntos que resolver. Busca una justificación que te evite un enojo innecesario. Cinco minutos son valiosos, pero no más que tu balance emocional.

6. Desde tu butaca

Cuando ves venir algo inminente, imagina que estás sentado en una butaca en el medio de un gran teatro y empiezan a correr las escenas de lo que piensas que ocurrirá. Obsérvate haciendo las preguntas que te gustaría y dando respuesta a aquellas que te pudieran hacer a ti. Estructura de manera clara en tu mente la conversación, tus pedidos, tus ofertas, tus argumentos. Haz un ensayo en el teatro de lo que podría suceder. Practicar esto te apoya en tu regulación haciéndote sentir más confiado de lo que quieres expresar y lograr.

Para calmar cualquier activación fisiológica a la que la emoción te haya inducido y regresar a tu centro, ¿cuál estrategia empezarás a practicar?

La automotivación es el corazón de la persistencia

◗ Automotivación

La automotivación es encontrar el combustible interior para continuar y perseverar. Implica constantemente estarse dando a sí mismo las razones, el impulso, el aliento y el entusiasmo que provoque una conducta determinada. De forma general, cada persona tiene sus propias maneras de automotivarse, pero casi siempre recurrimos a una visión futura de nosotros mismos para cumplir con determinadas tareas. Por ejemplo: suelo levantarme muy temprano para hacer ejercicio. Lo que me impulsa a hacerlo es que disfruto haciéndolo y también porque hacer ejercicio repercute positivamente en mi salud, en mi físico, mi nivel de energía y mi rendimiento. También me mueve imaginarme como una persona contenta con su cuerpo.

Si no estamos atravesando momentos placenteros y armoniosos, poder motivarnos a nosotros mismos es una de las tareas más complicadas. Tendemos a ser nuestros jueces más estrictos y a boicotear nuestros planes. La automotivación está ligada con nuestra autoestima. Ambas se alimentan recíprocamente. La automotivación es el corazón de la perseverancia.

¿Cuáles son los motivos que influyen en tu estado anímico de progreso? Los tipos de motivación fueron especificados por la teoría de la autodeterminación que publicaron los psicólogos Edward L. Deci y Richard Ryan en 1985. Te presento un poco de cada uno, lo que nos lleva a entender mejor a comprender cómo nos sentimos y qué hacer con eso:

Motivación extrínseca
Son los estímulos externos que nos inspiran a emprender acciones. El foco de la motivación extrínseca está en las recompensas externas que se obtienen por lograr el objetivo, podría ser la aceptación pública, el dinero o el reconocimiento. Puede ser el puente hacia la motivación intrínseca.

Motivación intrínseca

Es el impulso interno que mueve a accionar en determinada dirección, busca el crecimiento personal y la autorrealización. Permite disfrutar el proceso más que el resultado. Acepta el fracaso como parte del proceso para llegar al objetivo. Busca la recompensa interior, no la exterior.

Los psicólogos descubrieron que la personalidad, los elementos biológicos y el lugar de residencia son de gran importancia e influyen en la conducta. Además, señalaron que el hombre posee tres necesidades psicológicas básicas que son la base de la automotivación:

- Competencia: dominar las tareas, desarrollar diferentes habilidades.
- Relación: interactuar con nuestros pares y el entorno.
- Autonomía: ser agentes causales de nuestra propia vida.

Para evolucionar y lograr tus propósitos e ir por lo que deseas, debes tener hambre. Desafiarte a asumir retos personales que te conduzcan a la autonomía. En mi oficina tengo una frase de Les Brown que quiero compartirte:

"Acepta la responsabilidad de hacer de tus sueños una realidad".

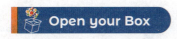

Elije la actitud de valentía. Haz el mejor compromiso de tu vida con la persona más importante para ti: TÚ

Tu luz es suficiente para encender otras

▶ Conciencia social

La conciencia social nos trae la invitación de abrirnos a conectar con las personas a un nivel más profundo, verlos como el creador los ve y a escuchar con el corazón.

Si solo existiera una persona sobre el mundo, ¿construiría pirámides, escribiría poesía, cantaría canciones? Somos seres que vivimos en una aldea común. Nos reconocemos, aprendemos y crecemos gracias a que a nuestro alrededor hay más y más personas. Cada una tiene un potencial inagotable. Son nuestros compañeros y cohabitamos juntos.

Dado que cada uno es tan importante y único, merece nuestra compresión con sus emociones, respeto total hacia su espacio, su vida y su ecosistema, el cual también es nuestro. Todos queremos sobrevivir y aprovechar los recursos con los que contamos, cuidarlos y desarrollarlos. La conciencia social implica la empatía, el mejor aprovechamiento de la diversidad y buscar formas cíclicas de vivir, incluso mediante las cuales entreguemos de vuelta y un poquito más de lo que recibimos.

Ser empático con los demás es una tarea diaria y exigente. Es comprender y entender sus sentimientos, ideas, pensamientos y sus razones para actuar como lo hacen. Para ello el esfuerzo mayor radica en no juzgar, evitando interpretar su comportamiento desde nuestras creencias, aprendizajes y experiencia, sino de verdad intentar ver por sus lentes. Para lograrlo hay que estar alerta para callar a nuestro juez interior: es el que nos hace dar el fallo de si lo que oímos o apreciamos está bien o mal de acuerdo con nuestra perspectiva.

Conectar es mostrar interés, ser flexible y permitir que el otro se exprese. Aprovechar la diversidad enriqueciéndonos con la suma de pensamientos, ideas y culturas.

Desarrollar la conciencia social trae beneficios en la sinergia, la compasión por los demás y la optimización. Reconocernos parte de un todo y aun así ser dueños de nuestra individualidad, es un compromiso con nuestra familia, sociedad, y con nuestro interior. Siempre debemos pensar cómo nuestras acciones repercuten en los demás, porque no vivimos solo para y por nosotros: al entender esto practicamos la ecología emocional. Imprimamos en el esfuerzo necesario para que nuestra sombra nunca entorpezca la luz de alguien más. Al contrario, que sea nuestra luz la que enciende otra luz que inunde de gozo al mundo.

Open your Box

Ejercita tu empatía. A partir de hoy, elige al menos una conversación al día para practicar tu empatía. Has un esfuerzo por estar presente con todos los sentidos para la otra persona. Evita juzgar. Escucha activamente para comprender cómo se siente, observa sus expresiones faciales, sus movimientos de manos, su lenguaje corporal en general. Conecta con sus sentimientos, con lo que lo mueve para comportarse como lo hace. Muy importante: escucha, evita interrumpir o dar consejos. Lleva un registro de tus ejercicios. Por la noche responde en tu cuaderno ¿Cómo me he sentido con la experiencia? ¿De qué me he dado cuenta? ¿Qué similitudes tiene conmigo lo que experimenta esta persona?

Agradece, abraza y abre tu caja para amar de otras maneras

Habilidades sociales

¿Has escuchado a personas que mencionan que ellos no necesitan a los demás? ¿Personas que fantasean con separarse de la sociedad y nunca regresar? Esto es casi imposible, porque somos seres sociales. Aun los ermitaños son individuos que terminan regresando a sus comunidades. Simplemente nos necesitamos entre nosotros para vivir bien y mejor. Por esto es tan importante saber conectar con los demás. Convivir, crear, aprender y proponer.

Si ya desde inicios del siglo muchos sociólogos apuntaban hacia el dilema social de conexión que vivíamos debido a una sobreestimulación, ahora por la tensión global por contingencias sanitarias, este dilema es mucho mayor. Aun cuando hombres y mujeres recibimos una lección valiosa de una nueva manera de comunicarnos y de amarnos a la distancia, en algunos casos se desataron emociones adversas derivadas de la incertidumbre y del miedo. Ha prevalecido la necesidad de celebrar juntos, de abrazarnos, de eliminar la distancia y de ir más allá de las frías pantallas que nos comunican.

Prescindir, de un día a otro, de las demostraciones de afecto y del contacto físico, nos ha hecho comprender la importancia de estas interacciones. Todas ellas antes estaban aseguradas. Ahora romper las medidas sanitarias es un acto disidente.

Una situación de salud mundial nos ha llevado por el camino de la reinvención. Más que nunca es necesario resaltar la comunicación, una apropiada gestión de los conflictos, la creatividad, la cooperación y ser asertivos en nuestras habilidades sociales. El reto actual es aprender a agradecer, abrazar y amar de otras maneras. Exprésate: es importante hablar de lo que sentimos. Solo al conocer el problema podemos entender y buscar soluciones.

Recuerda el planteamiento de Aristóteles:

"Cualquiera puede enojarse o molestarse, eso es algo muy sencillo. Pero molestarse con la persona adecuada, en el grado exacto, en el momento oportuno, con el propósito justo y del modo correcto, eso, ciertamente, no resulta tan sencillo".

A continuación, algunas habilidades sociales que puedes practicar:

Comunicación

Es la habilidad de escuchar, de entender el lenguaje que expresa el cuerpo y de transmitir de forma adecuada los mensajes. Implica desarrollar la escucha activa, la empatía, la aceptación, la gratitud, retroalimentación, etcétera. La calidad de la relación es igual a la calidad de la comunicación.

Gestión de conflictos

Implica abrirse a la comprensión de las causas que originaron el conflicto, a ver lo que hay detrás y aprender a "leer entre líneas". Fomentar un diálogo abierto y respetuoso siempre orientado a la búsqueda de soluciones y la negociación.

Asertividad

Es una forma de expresar lo que se piensa o quiere de manera clara, objetiva, transparente y honesta. Se relaciona con el equilibrio entre la autenticidad y el respeto a la existencia de diferentes puntos de vista. Ser asertivo facilita la comunicación, apoya a resolver controversias y fomenta el respeto.

Las habilidades sociales son indispensables para una vida balanceada y armoniosa. Son el tipo de habilidades que cambian sus maneras, pero nunca su fondo. El objetivo de aplicar estas habilidades es la aceptación: ser comprendido y comprender con respeto, amor y empatía. Es decir, regresar el beneficio que recibimos de nuestros semejantes.

Open your Box

Esta época que vivimos requiere que vivamos los aprendizajes. Te invito a que detectes en estos días a todas las personas importantes para ti ¿Quiénes han estado para brindarte apoyo? ¿Con quiénes has diseñado nuevas maneras de comunicación? ¿Qué se te ocurre que puedes hacer para agradecerles?

Eres suficiente para vivir una vida de significancia y trascendencia

▶ Propósito mayor

La siguiente frase de san Agustín es increíble:

> "Al encontrarme a mí, encuentro a los demás".

¿Qué misterio encierra esta frase? ¿A qué acción nos llama? ¿Acaso todos tenemos una misión con el mismo objetivo?

Ya que somos seres interrelacionados y no hay forma de que nuestros actos no impacten en los demás, es forzoso analizar constantemente hacia dónde nos está llevando el camino por el que optamos.

El propósito mayor es la capacidad de comprender las necesidades de los demás y de encontrar la forma de contribuir con lo mejor de uno mismo para mejorar el bienestar de las personas.

Todos estamos aquí para cubrir un propósito mayor. Sin importar tu religión, creencia o espiritualidad, la contribución al mundo es la misma: tenemos que dejar este lugar mejor que como lo encontramos. Nuestra misión es amarnos a nosotros mismos, cuidarnos todos, actuar respetando la vida y pensar en los demás.

En diferentes ocasiones, cuando perseguimos nuestro propósito mayor, nos damos cuenta después de cierto tiempo que confundimos la herramienta con el objetivo. Por ejemplo, durante muchos años trabajé en la televisión. Tengo el talento y la preparación para hablar frente a las cámaras, aparte de que me gusta mucho. Desde muy pequeña pensé que eso era lo que más me motivaba, a lo que me quería dedicar.

Conforme trabajé más en ese rubro, me percaté de algo importante: no me llamaba tanto la atención aparecer en los programas televisivos. Lo que quería era —y sigue siendo— comunicar, interactuar, compartir esperanza, inspirar, motivar y apoyar a los demás. Tal vez si no hubiera invertido largos años de mi vida en comprender cuál es la magia de la televisión y sus alcances, así como la forma en la que me apasiona servir, nunca hubiera descubierto cuál era mi propósito mayor.

Salir en la televisión no fue solo una herramienta para cumplir con mi misión. También fue el método de descubrimiento de una parte esencial de mí.

Las competencias emocionales tienen dos roles igualmente vitales: su relación con su interior y su relación con el mundo exterior. El rol interior tiene que ver con nuestros procesos personales e individuales. El exterior engloba todas las interacciones con los demás miembros de nuestra sociedad. Ni un rol es más importante que el otro. Lo que debemos revisar con frecuencia es su balance. Muchas personas trabajan demasiado en su exterior y no se preocupan por sus repercusiones en el interior.

Es importante adiestrar a las competencias o habilidades emocionales. Con ellas podemos enfrentar cualquier circunstancia y escoger desde qué ángulo es más conveniente hacerlo. A lo largo de la revisión de nuestros comportamientos y tendencias a la acción, se posibilita la oportunidad de realizar cambios para mejorar nuestra forma de vivir. Pensar en estos cambios, inclusive diseñarlos, es una tarea fácil. Lo realmente complicado es aplicarlos, pues se precisa de mucha humildad y voluntad. Las competencias contribuyen a que modelemos nuestro comportamiento y a que actuemos de manera más consciente, como me ocurrió a mí con la experiencia en la televisión y el cómo descubrí para qué y hacia dónde quería encaminar mis acciones.

¿Has pensado en tu propósito mayor? ¿Lo tienes claro o es solamente un esbozo que te resulta complicado expresar con palabras? Cuándo piensas en los demás, ¿te viene una idea de aportación a la mente? Las maneras de darnos a los demás es infinita: es así cómo tu propósito mayor surge del corazón y tu pasión, tu oficio o tus habilidades son un norte para develarlo. Cuando estás en tu propósito mayor tu talento esta activo. Se vive en cooperación y se promueve la solidaridad. Por ejemplo, si escribes, puedes ayudar a otros a expresar sus ideas y sus emociones, a contar sus vidas. Y un día, felizmente, te das cuenta de que has encontrado tu propósito mayor. Si cantas, tienes la oportunidad de con tu voz expresar las necesidades de la gente que no puede hacerlo, de expresar entre la música una situación de vulnerabilidad o simplemente, la alegría de un pueblo al celebrar sus tradiciones o una bella historia de amor que impacte a otros y los inspire a pensar en sus mejores momentos. Por eso la frase de san Agustín es tan valiosa y nunca envejece. Porque siempre podremos encontrar en la cara de un niño a la humanidad entera.

Para representar con una analogía al propósito mayor, se me ocurre la idea de que juntos intentemos desarrollar una imagen. Imagina que vas caminando al lado de un bello río. Todo luce apacible y perfecto hasta que te alcanza la voz de un hombre que grita con desesperación. Apresuras el paso para encontrar a la persona que pide ayuda. Por fin descubres a un hombre de 50 años. Está dentro del agua e implora por auxilio. No sabe nadar. Justo a tu lado hay una cuerda gruesa. Deshacer el nudo que la mantiene unida y ordenada te toma unos segundos. Sin pensar más que en ayudar al hombre, avientas con urgencia la cuerda al río.

¿Lo salvaste?

¿Fue lo mejor que pudiste haber hecho?

¿El hombre podrá salir?

La cuerda flota sobre el agua como un objeto inanimado. El hombre sigue moviendo sus brazos con desesperación. Te sientes inútil. Debiste de haber amarrado la cuerda a algún lugar antes de tirarla. Ahora tienes que sacar del agua al hombre y a la cuerda.

Para contribuir al bienestar de los demás, lo mejor es hacerlo desde nuestra conciencia despierta y atenta: ¿Qué es lo que esa persona necesita?

¿Cómo podrías incrementar su estabilidad financiera o su seguridad personal o su amor propio? En el primer caso, pienso en una mujer financiera que da talleres para que la gente aprenda a tener independencia y una economía saludable. Esto es aplicar nuestro conocimiento y aprovecharlo en beneficio de otras personas. Si la experta en finanzas se limita a criticar a los otros porque no saben multiplicar sus recursos y practicar la previsión, lo único que conseguirá será un impacto negativo en ellos. Si les deja en casa un paquete con la información y no les dice cómo usarla, tampoco estará haciendo mucho por mejorar su condición de vida. El conocimiento se quedará allí, inútil, como la cuerda en el agua.

El hombre necesita ayuda, sí, pero arrojar la cuerda completa no tiene sentido. Primero tengo que ubicar qué es lo que necesita y cómo puedo apoyarlo. Entender mis limitaciones:

1. No puedo aventarme a sacarlo del agua si no sé nadar.
2. De nada sirve arrojarle una cuerda, si no tengo un punto de apoyo.

Y aprovechar mis fortalezas:

3. Utilizar mis fuerzas para lanzar la cuerda tan cerca del hombre como pueda y quedarme con un extremo para tirar de él o sostenerlo de algo más firme.

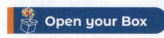

Y así, como dice la frase popular, la tercera es la vencida. Piensa con calma en la configuración de tu propósito mayor. Sobre todo, siente en tu corazón el susurro de la confirmación y en tu mente aparecerá la guía a seguir junto con la enorme satisfacción de tenerlo claro. Así, empezará a trazarse el mejor dibujo de tu vida. Notarás la gracia enorme de hacer algo por este mundo. Y entonces estarás listo para escribir lo que has encontrado y ponerlo en práctica paso a paso. Porque si de algo puedes estar seguro es de que el propósito mayor nunca termina de construirse. La fuente de discernimiento e inspiración está abierta. Cada día es una nueva oportunidad de fortalecerlo. Como dice la letra de la hermosa canción de Joan Manuel Serrat: "Hoy puede ser un gran día y mañana también".

Vivir con actitud de servicio, implica humildad para aprender y crecer. Es vital desarrollar tu influencia. Uno es un número muy pequeño para hacer cosas grandes, dice mi mentor John Maxwell, requieres inspirar mentes y corazones a que se sumen a tu visión.

▶ Los 6 pasos para desarrollar tus competencias emocionales

En los capítulos anteriores hemos ahondado en las diferentes emociones básicas: sus beneficios, características y repercusiones. También hemos analizado juntos cómo podemos liderarlas para incrementar nuestro bienestar.

Hasta este punto, con *Open your Book* nos hemos dado permiso de jugar, divertirnos, explorar nuestro kit básico y descubrir el poder que tenemos de transformar lo que sentimos. ¿Ha sido un viaje interesante, cierto? Pues ahora vamos a aprender a aplicar nuestro conocimiento, porque a nadie le sirve de mucho poseer la información sin utilizarla.

Piensa en un día caluroso en el que, sin previo aviso, comienza a llover. Lo más probable es que no estás preparado en lo más mínimo. Vas a tener que correr para encontrar con qué cubrirte de la lluvia. Con la prisa y la carrera, caes en un charco y te empapas los pies. ¿Estabas usando el calzado adecuado? No encuentras ni un árbol o un techo para protegerte, ni siquiera una bolsa de plástico que te ayude a no empaparte. Entonces recuerdas que en tu bolsillo trasero tienes una especie de lona que se desdobla y se convierte en un impermeable. Aparte es muy cálido por dentro y es tan largo que te cubre también las piernas y los pies.

Así son las competencias emocionales. Nos ayudan a sortear las dificultades diarias con las que nos topamos. Son similares al mejor paraguas o impermeable. Es importante desarrollarlas para cumplir con nuestros objetivos, nuestros sueños, y nuestro propósito mayor.

A continuación, propongo 6 pasos para desarrollar y liderar tus habilidades emocionales.

Open your Box

Para este ejercicio te invito a abrir tu caja interior, que pienses en una situación que estás cargando en tu corazón y tu mente y ante la cual no has encontrado un cauce favorable para dejarla fluir y hallar el balance interno. Para iniciar, haz cinco inhalaciones largas y profundas. Esto contribuye a centrarnos en el presente.

1. Enfoca tu atención en cómo te sientes y en cómo reacciona tu cuerpo al traer al presente esa situación.

¿Quizás es un sudor frío? ¿Tal vez es tensión o una fuerte liberación? En este paso debes enfocarte única y exclusivamente en tu cuerpo, en cada mínima sensación. Estas son pistas para dilucidar si las reacciones son un patrón ante determinado hecho o si son casos aislados que pretenden alertar sobre algo. Si tenemos presente la circunstancia es porque tiene repercusiones poco favorables o negativas en nosotros. Apunta qué es lo que te sucede sin hacer mención del hecho concreto. Recuerda que nuestro cuerpo siempre habla, solo que su lenguaje son las emociones.

2. Revisa con cuáles recursos y herramientas cuentas y cuáles son las que necesitas aprender.

Revisa qué es lo que se requiere de ti para transformar esta situación. Este paso se relaciona con la autorregulación. Los opuestos nos asustan: tanto el exceso como la carencia, el fracaso como el éxito. Y nos puede imponer la idea de cómo manejarlo. Esto se resume a nuestra gerencia y control. El objetivo de este paso es encontrar las deficiencias y las herramientas que nos ayudan a contrarrestar lo que nos falta.

Recuerda ser crítico y realista. Es válido aceptar que somos muy tercos, por ejemplo, pero tenemos que evaluar esta característica sin castigarnos ni excusarnos. Si te consideras una persona terca, y para ti significa una falta de objetividad, ¿cuál será tu recurso para disminuir la terquedad? Puede ser que tengas que practicar más las cualidades de paciencia, escucha activa y asertividad.

3. Elige la emocionalidad que más beneficios te otorga para transformar la experiencia.

Hagamos un supuesto: la circunstancia escogida es la despedida de una relación amorosa, una partida que aún no superamos. Sabemos que cuando lo recordamos nos invade el llanto y la melancolía. Nuestro cuerpo se estremece y nuestra voz cambia. Ya identificamos que nos concentramos tanto en el dolor que no pensamos en que el desprendimiento con esa persona significa una oportunidad de crecimiento. Lo que nos falta es pensar en su bienestar, a pesar de que ya no esté, antes que en nuestras ganas de contar con su compañía.

Ahora tenemos que elegir la emoción que más beneficios nos ofrece para transformar esta melancolía y dolor en un recuerdo tranquilo y dulce. ¿Qué tal si intentamos rememorar su forma de hablar o de reír? ¿Qué tal si traemos a la memoria sus diferentes modos de expresar cariño? Y lo mejor: después de rememorarlo, dejarlo ir con el corazón en la mano y con el alma abierta a nuevas oportunidades.

Intenta hacerlo y analiza cómo te sientes y qué pensamientos se generan. Cuando surja la primera emoción, sigue explorando en tu catálogo de emociones hasta que encuentres una que transforme el conflicto en aprendizaje y consuelo.

4. Sé sincero y pregúntate qué requieres aprender de esta experiencia.

El pedagogo Paulo Freire dijo que todos podemos aprender y enseñar algo. Lo mismo sucede con las experiencias en la vida. No es conveniente polarizar. Ninguna es completamente positiva ni negativa. Si ha llegado a tu vida es porque es necesaria para el crecimiento interior. Todas engloban una lección o una serie de ellas. Incluso en nuestras mayores frustraciones podemos encontrar la paz.

Si identificas plenamente la circunstancia con la que estás trabajando, lo más probable es que tienes pistas sobre qué es lo que quieres aprender. Por esa razón es que este paso comienza con "ser sincero". Podemos ser los primeros en negar lo que más nos urge o necesitamos. Atrevernos a responder con franqueza qué es lo que queremos aprender de la experiencia es encaminarla a su conclusión y cierre. Es fortalecernos con sus frutos y no continuar alimentando el recuerdo por sí solo.

Sé sincero y habla contigo. Sé valiente y aprende.

5. Visualiza cómo te sentirás al gestionar tus emociones con relación a esa circunstancia.

Este paso está íntimamente ligado con la automotivación: implica un ejercicio de visualización e imaginación. Algunas personas han suprimido tanto su capacidad de imaginar que les es difícil pensarse en otra circunstancia. Este paso requiere de tu esfuerzo para verte fuera del evento que te resta energía y tiempo. Es posible lograr esta visualización: solo tienes que darte permiso de jugar y de convertirte en la persona que tú más desees. Un ser feliz, libre y con infinita voluntad.

6. Elabora una lista de acciones concretas que contribuyan a dar un cauce hacia tu bienestar.

A lo largo de los cinco pasos previos realizamos varios análisis y cuestionarios de forma personal. Los cinco pasos han sido introspectivos. Esta sexta indicación trata sobre tomar acción y verbalizar lo que tenemos que hacer para realmente liderar nuestras competencias emocionales. Si solo nos quedamos hasta el quinto paso, difícilmente veremos cambios.

Haz una lista concreta y sin redundancias. Escribir te ayudará a comprometerte con tus acciones y a alcanzar el bienestar.

En el caso de la separación con una persona que amas, la lista debe incluir tareas y acciones. Por ejemplo, despedirte, escribir lo que sientes, hacer ejercicios diarios de meditación en los cuales el centro sea sacar a la luz los mejores momentos y dejarlos ir con agradecimiento, con un dulce "gracias" por el tiempo compartido y las grandes lecciones que te ha dejado.

Intenta agregar acciones que involucren a tus seres queridos y personas de confianza. Así crearás nuevos significados a la par que dejas ir el evento que te ha oprimido durante tanto tiempo. Por ejemplo, amigos, familia, gente que con su cariño te abraza en un momento así.

¿Estás listo para aplicar los 6 pasos? Justo como en el capítulo de las emociones básicas, te comparto una tabla para que vuelvas más interactivo este ejercicio. Esta tabla tiene el propósito de otorgar claridad sobre los 6 pasos para liderar tus competencias emocionales.

Elige una experiencia	
Enfoca tu atención en cómo te sientes y en cómo reacciona tu cuerpo.	
Revisa con cuáles recursos y herramientas cuentas y cuáles son las que necesitas aprender.	
Elige la competencia emocional más acertada para transformar esta experiencia.	

Sé sincero y pregúntate qué requieres aprender de esta experiencia.	
Visualiza cómo te sentirás al identificar tus competencias o habilidades con relación a esa circunstancia.	
Elabora una lista de acciones concretas que contribuyan a dar un cauce hacia tu bienestar.	

Solo hasta que nos regalamos el espacio y tiempo para escucharnos es que tenemos la capacidad necesaria para vernos con todos nuestros colores, sombras y luces. Aprovecha este momento y nútrete con tu experiencia. Es vasta, es perfecta y es toda tuya.

Un cuento a la vez, aprendizajes y el desafío del crecimiento

◗ Cuentos para subir la escalera de tus competencias emocionales

A lo largo de la historia se ha comprobado que aprendemos mejor con historias. Por eso quiero compartirte una serie de narraciones cortas relacionadas con las habilidades y competencias emocionales.

Conforme crecemos, experimentamos y descubrimos, es que obtenemos las 6 competencias emocionales. Es valioso reconocer con qué sí contamos y cuáles todavía tenemos que encontrar, definir y adoptar. Cada una de estas habilidades nos ayuda a obtener una vida más armoniosa y repleta de bienestar.

La naturaleza de estos cuentos conjuga la magia con nuestra cotidianidad. Incluí cuentos en los que nos podemos encontrar y reflejar; así como circunstancias actuales teñidas con colores y paisajes. La intención de estos breves relatos es palpar cada competencia emocional. Busca un lugar cómodo para gozar con estas historias. Sumérgete en los beneficios de adoptarlas y de practicarlas. Usa el mismo lugar cómodo para reflexionar sobre cada personaje y circunstancia. Podrías ser tú. Siente cómo empata esa vida en la tuya.

Sueña con tu diamante

Hugo era uno de los mejores mineros de la región. Su esposa se quejaba de que estaba obsesionado con las minas. Hugo casi podía olfatear hacia qué dirección seguir excavando para encontrar una piedra preciosa. La creencia de un diamante enorme lo estaba obsesionando. Hasta le costaba dormir solo de pensar en qué rincón de la mina se encontraba semejante tesoro. Su mujer le pedía que comiera mejor, que se relajara, que no solo el diamante era importante. Las súplicas solo acrecentaban la intención: Hugo quería encontrarlo. Era su única meta en la vida.

Todos los días se levantaba temprano, desayunaba sin ánimos y se marchaba a trabajar. Buscaba con ansiedad la piedra. Tras un largo día sin resultados, poco le importaba el cansancio o la decepción. Se decía que mañana sería otra jornada y otra oportunidad. Su esposa lo veía tan cansado y sin ánimos que le dio un consejo: "Cuida tu energía, enfócate en las soluciones y no solo en la meta".

Una noche se levantó sobresaltado después de un intenso sueño en el que caminaba dentro de la cueva, doblando a determinada dirección, excavando en un punto exacto y encontrando la piedra que tanto lo obsesionaba.

Eran las cuatro de la mañana cuando el minero se marchó con el estómago vacío, pero con una fuerte emoción en el corazón. Dentro de la cueva, encendió la luz de su casco. Dio la vuelta en el punto que reconoció gracias al sueño. Se acercó a la pared y palpó con sus manos hasta que sintió que era el punto exacto. Cogió con fuerza el pico. Tras el primer golpe, un sismo inesperado se desató. Hugo se pegó a la pared en la que trabajaba. Cuando se dio la vuelta, su luz alumbraba una nueva pared recién formada. Su obsesión lo había encerrado en el subsuelo, junto con el diamante inexistente.

Sintió que el aire y la luz le faltaban. Antes de maldecir su suerte, recordó el consejo de su esposa. Por su ambición, había malgastado su energía. Hugo volvió a arremeter con su pico. Ahora el golpe fue contra la pared recién formada. Intentaría cavar su salida. Después de un esfuerzo sobrehumano para abrir un boquete, se convenció de que sería imposible: la pared era muy gruesa.

Ya no pensaba en el diamante, solo trataba de alcanzar la luz del sol. Volvió a posicionarse frente a la primera pared, la que lo llamara en sueños, y siguió cavando en ese punto. Golpe tras golpe, imploraba por encontrar la salida. De pronto se rindió. Dejó de cavar y pensó en su vida, en sus momentos favoritos, en las personas que más apreciaba. Se encontró a sí mismo revisando sus fortalezas y sus debilidades. Se enorgulleció por su pasión, su trabajo y su familia. Dio gracias a Dios.

De repente, un brillo tremendo lastimó su visión. Era la piedra preciosa más grande que había visto en su vida. Estaba en su corazón y se le presentaba exclusivamente a él. Se inflamó de gozo, lloró de alegría, ni siquiera se distrajo con la idea de que su vida estaba en peligro. Se vio tal y como era: un hombre con sueños y dispuesto a trabajar con pasión para alcanzarlos.

Dentro de su propia mina de tesoros, cada uno de nosotros tenemos diferentes minerales y piedras preciosas. El esfuerzo del minero por adentrarse en sí mismo lo hizo conocerse y valorarse.

Hugo esperó confiado en que saldría de la cueva. Su paciencia fue premiada. Una brigada de mineros lo encontró pronto. Agradeció de nuevo y salió con una sonrisa. Otras joyas le esperaban allá afuera. Le contó a su esposa su aventura y ella se impactó con el fulgor blanco, verde, azul y rojo que emanaba de la mochila de su esposo. Al abrirla, una piedra emitía colores bellísimos, imposibles de descifrar con palabras. Le pidió a su esposa que le hiciera el favor de pulirla.

—¿No lo quieres hacer tú? Este es tu tesoro —dijo ella.

—No, es solo una piedra.

Al decir esto, la piedra perdió el fulgor. Hugo posó sus manos sobre su vientre y respiró tranquilo. Al fin entendió la lección: la piedra representaba la paciencia, el amor, el agradecimiento. En su interior estaba el diamante más grande del mundo. Lo podía sentir y apreciar en todo su esplendor.

Open your Box

¿Cuántas veces has visto a las personas que admiras y piensas en sus dones y capacidades? ¿Cuántas veces has hecho este tipo de análisis para ti?

Dedícate un día. Lo único que necesitas es el tiempo suficiente para hablar con tu persona y conocerte mejor. Evidentemente no será suficiente con solo 24 horas, pero es un gran comienzo.

Para desarrollar el autoconocimiento procura detenerte cuando estés experimentando algo y analiza tus comportamientos.

Estatuas en movimiento

El puente se había desmoronado. Antes de poder cruzarlo, se convirtió en una estructura temblorosa y después colapsó como un mazapán. Todo indicaba que los viajeros del ferrocarril no iban a llegar a su destino. Aída y Diana viajaban juntas. Las dos comercializaban pasteles de moras. Habían comenzado a venderlos desde la muerte de su madre. Aída fue quien reunió el coraje y la valentía para instalar el negocio. Diana seguía sus pasos e indicaciones. Desde la despedida de su mamá, la vida les había cambiado en un parpadeo. Aída, la menor, maduró en exceso. Diana, por el contrario, se había convertido en una estatua. Así era como lo definía su hermana.

Los factores del mundo externo se habían estrellado contra sus esperanzas y sus deseos. Las dos tenían que salir del dolor y la sorpresa, algo que parecía imposible para Diana.

En el mismo ferrocarril en el que viajaban, iban más vendedores que se dirigían al mercado del pueblo vecino. Todos descendieron y llenaron el paisaje de colores. Entre frutas, dulces, pasteles, juguetes y animales enjaulados, los comerciantes miraban impávidos el camino que ya no podían recorrer. Ese momento también fue especial para Aída. Nadie se movía, el aire corría entre todos: helado. Eran estatuas atónitas, como Diana. Aída supuso que algo iba a pasar, era cuestión de esperar y de pensar en cómo sumar fuerzas en vez de entrar en pánico.

Hombres y mujeres se quejaron de la decisión del conductor del ferrocarril, ¿cómo los había dejado ahí varados? Luego las mujeres se preocuparon por la calidad de la comida y las repercusiones de la luz del sol sobre sus productos.

Diana no hablaba, solo miraba que el puente seguía cayendo y cómo cada vez se reducía más y más. Aída la jaló del brazo, recogió las canastas con pasteles y condujo a su hermana por un camino para alejarse del barullo de los comerciantes. Cuando llegaron a lo más alto de una colina, Diana salió de su asombro.

—¿Qué hacemos, Aída? ¿Por qué nos alejamos?

—No podemos escuchar nuestros pensamientos entre tanto ruido.

—¿De qué hablas?

—¿No lo ves, Diana? Míralos a todos allá —Aída señaló la masa colorida y revuelta de personas. Seguían parloteando y quejándose sin cesar—. Cuando una emoción te invade, tienes que dar un paso fuera de ti para poder observar todo con detenimiento y después decidir qué hacer. Pero si no das este paso, te conviertes en una estatua que solo repite o copia lo que el mundo externo a su alrededor hace.

Diana permaneció mirando a la gente en las faldas de la colina. Su hermana tenía razón. A pesar de que todos estaban haciendo algo, se adivinaba que no sabían exactamente por qué. Cuando nos enfrascamos tanto en una situación, no vemos los recursos que tenemos para salir adelante. Perdemos la esperanza y dejamos de lado lo que nos sucede interiormente. Diana se vio allí, entre ellos: fija en la imagen de su madre ausente. También apreció un conjunto de nubes que se dispersaron para dar mayor claridad en el paisaje.

—¡Mira! —dijo y señaló un punto cercano.

—¿Qué es?
—Es otro puente. ¡Por allá podemos cruzar!
Aída sonrió ante la sugerencia de su hermana. Tenía razón.

📦 Open your Box

¿Sabes qué mecanismo usas para tomar distancia y obtener el control sobre tus acciones? La autorregulación es una competencia emocional que necesita mucha disciplina de nuestra parte, porque las emociones nos mueven y nos predisponen a una mirada particular ante lo que nos ocurre y cómo reaccionaremos. Si nos alejamos de lo que nos está pasando, podemos tener una imagen panorámica de lo que sucede y también ver qué está ocurriendo en nosotros, y entonces elegir cómo gestionar mejor nuestra propia revolución, nuestra caída y desmoronamiento de puentes.

Tutú azul

La historia de Raquel es la de muchas otras mujeres de su generación. De pequeña sus padres la inscribieron en clases de baile. A ella le encantó desde la primera sesión. Año tras año decidió continuar bailando. Nada detenía su pasión. Se levantaba a las cuatro de la mañana para cumplir con las tareas de la escuela y con sus largos entrenamientos. Siempre se imaginó como una gran bailarina.

Sus padres le cuestionaron su dedicación y esfuerzo. Creyeron que tarde o temprano tendría que dejarlo para estudiar una carrera, pero Raquel fue implacable. Ella quería ser bailarina.

Cierto día encontró un pedazo de papel de grandes dimensiones. Se dibujó tal y como ella lo percibía. Cuando terminó y vio su cuerpo delgado y alto, sonrió. ¡Tenía la complexión de una bailarina!

Dibujó su cara y su lunar característico en el hombro. Se pintó un precioso tutú azul, medias, zapatillas y un leotardo. Su cabello lo amarró en un moño alto. En su rostro reinaba una sutil sonrisa: la expresión máxima de felicidad.

Recortó la silueta y la acomodó en una pared de su cuarto. Cuando su madre vio el dibujo llamó al papá quien a su vez llamó a los hermanos de Raquel. A todos les encantó en lo que Raquel había convertido ese pedazo de papel. A partir de ese día, nadie dudó de su pasión. Ni ella misma.

Con los años, sus entrenamientos se volvieron más arduos. A sus 16 años era casi imposible que en la escuela pudiera llevar a cabo un trabajo en equipo. Raquel hacía malabares con su vida y estaba agradecida por el apoyo de todos.

Poseía una fuerza vital que la empujaba a entregar siempre más de sí. Una energía que la llevaba a romper sus límites y barreras. Este combustible surgió de su amor por el baile, por su familia y por sus sueños.

Un día, al salir de un entrenamiento, la vida de Raquel cambió. Se despidió de sus compañeras y se preparó para cruzar la calle. Miró a ambos lados y puso el pie sobre la acera. Después vio negro.

Las secuelas del accidente marcaron el futuro de Raquel. Su sueño de convertirse en bailarina profesional se enturbió. Decidió esconder todo lo que le recordara al ballet, incluido su dibujo pegado en la pared. Acudió a rehabilitación, pero nunca con la esperanza de volver a bailar. Nunca expresó cuánto le había dolido el cambio radical en su vida. No quiso angustiar a nadie. Tampoco quiso hacer un viaje a su interior. Se miraba en el espejo y lo único que veía era una bailarina rota. Su vida se tornó bastante predecible. Se casó, tuvo dos hijos y conjugó su carrera y su vida como madre y esposa. Hasta que un día, en un supermercado, la danza volvió a vibrar en ella con la misma fuerza de antaño.

Raquel no se decidía a comprar un melón o una sandía. Deambulaba por el lugar, un tanto melancólica. Sentía que le faltaba algo: una sensación que la acompañaba siempre. Al fondo de la tienda, en el almacén, una niña linda y regordeta bailaba en círculos con su muñeco preferido abrazado. Un tutú azul de papel le rodeaba la cintura. Mientras Raquel la miraba, la pequeña seguía sumergida en la música y en la magia de su imaginación.

Raquel se reflejó en la niña, de nuevo, como una bailarina profesional a la que la gente aplaude y lanza vítores. La niña se sorprendió con la presencia de alguien más. La bailarina rota, Raquel, la saludó con timidez. La bailarina en potencia, la niña, le dirigió una sonrisa preciosa, la misma con la que Raquel se dibujara muchos años antes en un pedazo de papel.

—¿También te gusta bailar? —le preguntó la pequeña.

Raquel no pensó en la respuesta. Fue automática.

—Sí.

Ahí mismo se dio cuenta de que no todo estaba perdido. Con las fuerzas que tenía, podía volver a bailar. Quizás ya no tenía la flexibilidad de antes del accidente, pero podía adiestrar a su cuerpo hasta sus límites. Algo la iluminó por completo: solo quería bailar, bailar eternamente, gozarlo a plenitud.

Abrazó a la niña, le dijo otra vez lo lindo que bailaba y cuánto agradecía el haberla encontrado. Esa misma tarde buscó a la persona correcta para instalar una barra en la pared de su casa. Desde ese día, al cerrar los ojos, puede verse con el tutú azul. Cuando los abre y se mira en el espejo, con su mano en la barra y una de sus piernas tan alto como puede, se percata de que la Raquel del dibujo y ella tienen la misma sonrisa.

Open your Box

Hay temas en los cuales nos podemos motivar sin mucho esfuerzo, ya sea porque nos parecen sencillos o porque nos gustan mucho. ¿Qué sucede cuando creemos que no podemos hacer algo en particular? ¿Cómo nos motivamos?

Usa tu creatividad y, como Raquel, haz un dibujo tuyo. Haz tu propio mapa de motivación y bienestar. Dibuja o pega recortes de lo que para ti signifique algo importante. Concéntrate en los sentimientos que experimentas al dibujar y verte reflejado en esas victorias. Puedes dibujarte cumpliendo una meta, ganando una competencia o con tu familia ideal. Concéntrate en los sentimientos que obtienes al dibujar a tu persona en el papel. ¿Estás alegre, entusiasmada, expectante, agradecida? ¿Quiénes te acompañan en este logro? ¿Dónde se encuentran? Celebra en tu interior. Habita en ti como una persona virtuosa y victoriosa, ¿sabes por qué?, sencillamente porque lo eres. Ahora solo sigue la ruta. Y recuerda: el mapa no es el territorio. Siempre se pueden ajustar decisiones en el camino.

Pies ligeros

Aprendí más de lo que imaginé. Recibí más de lo que entregué. Esta es la forma natural y armoniosa en la que funciona la madre Tierra. Siempre nos regala más de lo que invertimos.

En la sierra Tarahumara, el viento para los rarámuris corre rápido entre los árboles. Roba murmullos por aquí y los suelta por allá. La gente habla con una voz leve y de poco volumen. No necesitan más. Se entienden porque se ven y se reconocen cuando hablan. Ellos saben que en cada uno de sus hermanos y hermanas está el misterio de su propia humanidad. Se cuidan y se respetan porque se saben conectados.

Fui a la sierra con la creencia de que me encontraría con otro mundo, con una realidad descolorida. Pensaba en que vivían de forma inclemente con muchas carencias y limitaciones, casi lamentaba la situación en la que pensaba que vivían. Los imaginaba con un rostro triste y con mucha miseria. Para mi fortuna, estaba equivocada.

Descendí del automóvil en el que nos transportamos y lo primero que sentí fue el aire fresco. La magnitud del cielo, de los altos árboles y del paisaje, me envolvió. Me quedé pasmada. Cuando bajé la mirada, un niño hermoso de menos de un metro y medio de altura, me observaba con sus enormes ojos. Lo saludé con la mano y él sonrió.

Caminando por el pueblo, a la par que nos mostraban el lugar, el niño corría cerca de nosotros. Se asomaba entre los árboles, saltaba sobre las piedras, luego se perdía y volvía a aparecer.

Los rarámuris visten con flores de la montaña. Los adorna la naturaleza y sus colores están vivos. Sus lujos son el aire fresco y limpio, el agua recién nacida en lo más alto, el cielo vibrante con miles de estrellas.

¿Cuáles son nuestros lujos? ¿Quiénes son más ricos? ¿Aquellos que se saben herederos de la belleza y perfección del mundo? ¿O los que luchan contra sus hermanos para "poseer" un mínimo pedazo de tierra?

Vi de nuevo al niño cerca de un pequeño riachuelo. Estaba en cuclillas bebiendo agua. Lo saludé nuevamente. Sonrió de nuevo y luego dijo dos palabras desconocidas para mí: "mateteraba Onorúame"

Se acercó, me tomó de la mano y caminó conmigo. Juntos llegamos junto a un grupo de personas. Discutían sobre algo. En medio de ellos había un venado. Volví a escuchar las mismas dos palabras que antes me había dicho el niño.

Los rarámuris no comen animales diariamente. Se nutren con sus plantaciones de legumbres y de frutos. Si quieren cazar a un venado para obtener más fuerza, tienen que corretear al animal por largo rato. Es una batalla justa. Cada uno demuestra sus capacidades y afronta su destino. En cada ser vivo ven una oportunidad de abundancia y de divinidad. Saben identificar la vida.

Ellos no son esclavos de sus caprichos ni deseos. Los rarámuris no se dejan llevar por tendencias o por hábitos egoístas. Inclusive ese venado perseguido y cazado es sacrificado con gratitud y pasión. Agradecen la energía que están recibiendo. La misma que ellos algún día regresarán.

La conciencia social de muchos pueblos originarios y culturas prehispánicas es elevadísima y pura. No se piensan fuera de su núcleo ni de su comunidad pues saben que eso podría significar su pérdida, la deshonra o el incumplimiento de su compromiso divino. Por eso los rarámuris no arrastran una sombra pesada. Por eso sus pies son tan ligeros. Se saben parte del engranaje delicado y perfecto que conforma al mundo.

El niño siguió a mi lado casi durante todo el día. Le pregunté su nombre un par de veces, pero no me contestó. Desapareció por unos minutos y luego regresó con unas cuantas tortillas. Me las ofreció. Estaba a punto de morder una, cuando el pequeño me detuvo.

—Mateteraba onorúame —me dijo.

—¿Qué significa eso?

Repitió la misma frase. También la dije. Probé la tortilla. Estaba deliciosa. Cuando el niño se dio cuenta de que me había gustado, se empezó a reír. Su risa era preciosa.

Luego regresamos a la localidad donde estaba la mayoría de las personas con las que había llegado a la sierra. Les platiqué sobre el niño y la frase que no dejaba de repetir. Una mujer rarámuri me atendió y me explicó.

—Ese niño es muy inteligente. Te mostró cómo dar gracias a Dios.

No lo entendí con rapidez.

—Mateteraba Onorúame significa "Gracias, Dios". Son las palabras que decimos cuando recibimos una bendición. También, al agradecer, sabemos que todo lo que tomamos lo tenemos que regresar. Sabemos que somos responsables de cuidar dignamente lo que se nos heredó para seguir recibiendo más.

Me quedé pasmada. La jornada continuó y no dejé de pensar en la importancia de aquellas dos palabras. Había mucho amor y belleza en ellas. Las grabé en mi memoria para nunca olvidarlas.

Regresé de la sierra en calidad de aprendiz. Agradecí haber presenciado tanto y tan distinto a lo que tenía en mente.

Al abrir la ventana de mi habitación en un hotel incrustado en las montañas de la barranca del Cobre, sentí la magnificencia del cielo y de la llanura. Aprecié la maravilla natural con ojos renovados, con una mirada que desconocía en mí. La sentí cuidándome, amparando a todos los que estábamos cerca. Supe que era la misma que ellos ven todas las noches y todos los amaneceres. La misma por la que agradecen y se sienten parte.

Agradecí por mi pequeño gran maestro, por Pies ligeros, por aquellos hombres y mujeres que corren por este mundo, sobre su sierra, para que el orden perfecto no se acabe y la Tierra nunca deje de girar.

Mateteraba Onorúame.

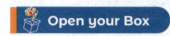

Es momento de cuestionarnos: ¿Qué sentido tiene vivir en comunidad? ¿Cuál es el objetivo de compartir el espacio y el tiempo? ¿Qué hacemos por el otro y por qué? ¿Qué necesidad cubrimos en nuestros semejantes? En la actualidad cada vez es más difuso, en el contexto urbano, el límite entre sociedad y comunidad. Habitamos todos bajo un mismo cielo, pero no entre nosotros. La empatía es la llave para el encuentro con los otros como persona y como un todo: comunidad, sistema, mundo. Nos falta identificarnos entre nosotros para crear un grupo social más unido.

Todo indica que estamos ante una gran área de oportunidad en nuestra relación con el hermoso mundo que habitamos. Aprovecha la ocasión para crear lazos con la gente a la que percibes más vulnerable y necesitada. Busca un punto de conexión con ella. Tal vez desde tus habilidades, desde tu oficio y sobre todo desde tu entusiasmo. Todos somos hijos del mismo Dios y somos cuidados por la Madre Tierra: partiendo de esto podemos ver que no somos tan diferentes, aunque vivamos distintas circunstancias. Al final, como yo, tendrás una preciosa lección.

Palabra mágica

El drama había inundado cada pasillo y cada piso del enorme consorcio empresarial fundado por la señorita Rita. El enigma ya estaba resuelto, pero la indignación imperaba. En un encontronazo en el elevador, Stella perdió su trabajo. Según los rumores corrió para alcanzar el ascensor. Quería llegar temprano a su casa para festejar a su abuela. En vez de llegar a casa con un regalo y una sonrisa, llevó lo contrario. A la señorita Rita le costó trece pisos despedirla.

La señorita Rita tenía un trato desagradable, practicaba la manipulación y se dejaba llevar por la avaricia. Sin embargo, entre sus comportamientos, el peor era que se creía dueña total de la verdad y la razón. En el elevador, se sorprendió cuando llegaron al piso dos en vez de al uno.

—Es que usted presionó el segundo piso —le explicó Stella, alegre y sonriente.

—Claro que no. Presioné el uno. Nunca me equivoco.

—Todos a veces nos equivocamos —contestó la chica, sin ser capaz de mirar a la señorita Rita a los ojos.

Dentro del elevador, las otras personas que las acompañaban ahogaron una expresión de asombro. No era la primera vez que alguna de ellas presenciaba un episodio de histeria por parte de la señorita Rita. Y se avecinaba uno.

La despidió en dos segundos frente a todos. Su justificación fue que le había levantado la voz y había contrariado a la directora ejecutiva y operativa del corporativo. Stella no lloró hasta que se había bajado del elevador y cruzado la salida del edificio.

Por eso el drama reinaba en el consorcio. Durante semanas, trabajadores de cualquier puesto hablaron a las espaldas de la señorita Rita. Stella era estupenda y usaba todo su dinero para cuidar a su abuelita. ¿Por qué la directora trataba a los demás con crueldad? ¿No le hubiera bastado con aceptar su error y punto?

La señorita Rita se dio cuenta de que el ambiente estaba todavía más frío y extraño. Aparte, sentía las críticas y las palabras punzantes en su contra. No escuchaba y pretendía que no le importaba, pero cómo le dolía. De un día a otro, se le cerró la garganta. No pudo hablar en junta y canceló las demás reuniones de su jornada. Tenía que buscar ayuda con un doctor. No se había resfriado. ¿Por qué le dolía el cuerpo y le pesaba su existencia?

El doctor fue muy práctico con su respuesta. Le dijo que tenía una palabra atorada en la garganta. La señorita Rita no pudo preguntar más. No podía emitir sonidos.

—Hay algo que usted quiere decir, pero no se lo ha permitido. Ahora se metió en este lío. Piense cuál palabra es y solo dígala.

La señorita Rita estaba colérica contra el doctor. Pensaba que no era cierto lo que él decía. Ella no se equivocaba… ¡jamás! Ni cuando despidió a todo el departamento de arte porque no le gustó el póster navideño, ni cuando dejó de hablarles a sus hermanos porque no la invitaron a cierto viaje, ni cuando se divorció de su marido porque no le gustaba su aroma. Mucho menos cuando despidió a Stella o cuando presionó el botón dos en vez del uno.

La señorita Rita estuvo cerca de un mes con la garganta cerrada hasta que finalmente aquella palabra atorada comenzó a afectar su espalda y sus sienes.

No había otro remedio. Manejó su auto hasta la casa de Stella y tocó a la puerta. La chica abrió. Tenía otro uniforme. Al menos había conseguido otro trabajo rápidamente.

—¿Qué desea? —quiso saber Stella limpiamente, sin rencor.

La señorita Rita pasó saliva y abrió la boca:

—Yo… —el sonido de su voz era muy leve.

—¿Qué dice?

—Quiero decirte que…

Stella fue paciente.

—Quiero pedirte… perdón.

En ese instante la señorita Rita sintió que el paso de aire en su garganta se abría.

—No debí haberte despedido. Presioné el botón equivocado y no quise aceptarlo. Perdóname, Stella. Quiero buscar la forma de remediarlo.

Stella, una mujer profundamente humilde y noble, lo reflexionó muy poco. Después le comentó su plan a la señorita Rita, quien masajeaba su propia garganta con gusto. ¡Cuánto extrañaba hablar! Se prometió que nunca más usaría su voz para incomodar y lastimar. Ahora quería cambiar y aceptar sus errores.

Stella negoció su recontratación con un mejor salario y la señorita Rita se lo concedió.

—Ahora, para aceptar su propuesta, señorita Rita, quiero que demos un paseo por el perdón. Vamos a ir con otras personas a quienes ha agredido y les va a hablar. Eso la va a liberar de tanto peso.

—¿Y cómo sabes que todavía tengo peso? —la señorita Rita tenía curiosidad.

—Se le nota en los ojos y en su postura. Mi abuelita me enseñó a detectarlo.

Stella era muy sabia para su edad. Las dos compartieron una sonrisa y subieron al auto. Emprendieron un viaje largo, pero muy satisfactorio. Con el apoyo de Stella y de más personas cercanas, la señorita Rita aprendió a pedir perdón, a agradecer y a aceptar sus errores. Finalmente pudo conectar y mejorar su vida en cada aspecto.

Una palabra puede cambiar nuestra existencia por completo.

Open your Box

La vida, en sus momentos críticos, nos da excelentes oportunidades para reflexionar quiénes son las personas que más valoramos y amamos. Un momento ideal para potenciar nuestras habilidades sociales y preguntar a los demás qué podemos hacer por ellos, cómo podemos ayudar.

Inténtalo. Crea una lista de tu red de apoyo y atrévete a buscarlos y a mejorar tus relaciones. Sé creativo. Sorprende con una llamada o un sencillo mensaje. Haz saber a quienes amas cuánto los aprecias y valoras. Expresar reconocimiento fortalece las relaciones. Tampoco olvides a las personas que sientes que te han lastimado. Como la señorita Rita, emprende tu viaje de lo que no has dicho y que está guardado en ti esperando ser liberado. Los resultados son positivos y liberadores.

Los dos mares

La madre de Miguel y Rafael tenía un problema muy serio. Notaba que sus hijos eran diferentes y que una diferencia en particular los separaba. Miguel sabía compartir: desde su comida hasta sus talentos. Rafael, por otra parte, era receloso con sus posesiones y sus virtudes. Esta diferencia establecía implicaciones en su vida social, familiar y escolar.

Cansada, la madre buscó la ayuda del ser más sabio que conocía: su padre. El abuelo de los chicos escuchó el problema y solo contestó con una corta respuesta:

—Los dos mares de Israel.

Después le pidió a su hija que trajera a los dos nietos a comer el fin de semana. Prometió resolver la situación.

Cuando el sábado llegó, los dos hermanos estaban contentos de visitar a su abuelo. Lo adoraban. Entre sus maravillas, cocinaba deliciosas botanas antes de los platillos estelares. Sin embargo, ese día no hubo bocadillos previos. El abuelo los invitó a sentarse frente a él, donde solo había una silla. Miguel se la cedió a su hermano y se sentó en el suelo. Rafael no agradeció.

—Voy a contarles algo —comenzó el abuelo y no se detuvo durante muchos minutos.

Les platicó que el océano es vasto y enorme. Sus corrientes marinas se extienden por los confines del mundo y convierten a nuestro hogar en el planeta azul. El agua es de todos. Está para recibirse y compartirse. ¿Qué sucede si la poseemos sin retribuir? ¿Qué pasa cuando se estanca? La vida no prospera.

Luego les contó sobre Israel. En este lugar existen dos mares: el de Galilea y el Muerto. Ambos se alimentan con aguas del río Jordán. Este nace en el norte del país y desemboca primero en Galilea. Esta región está pletórica de vida. La flora y la fauna son abundantes. Tanto la industria como la economía de Galilea son muy prósperas. A los galileos les entusiasma el lugar que habitan. Esto los impulsa a mantenerlo en óptimo nivel.

Tanto la tierra, los animales, las plantas y las comunidades se benefician del agua. La agradecen. La dejan continuar su camino hasta el sur donde desemboca en el mar Muerto.

—¿Han escuchado sobre este mar?

Los nietos negaron con un gesto.

—Justo como lo dice su nombre, a su alrededor no hay vida. Ni en él. El agua es demasiado salada. ¿Y saben qué más? Este mar no comparte su agua. Aquí se queda y no regresa al océano. El mar Muerto recibe y no da.

Rafael y Miguel se miraron sin comprender. El abuelo les dijo que esperaran y fue por una bandeja: solo tenía un bocadillo. Rafael estaba por abalanzarse hacia él cuando miró a Miguel y al abuelo. ¿Cómo podía ser suficiente ese alimento para los tres?

Finalmente lo tomó. Miguel se indignó. El abuelo fue más paciente. Rafael no se lo metió a la boca. De la forma más burda y torpe, cortó la galleta en tres pedazos y la compartió. El abuelo sonrió.

—¿Saben qué sucede cuando compartes lo que te entregan? Eres capaz de alcanzar tu propósito en la vida. Piensen en su abuela que tiene un increíble don para cocinar. Si ella no compartiera, no podríamos comer estos deliciosos bocadillos.

—¿Pero no los haces tú? —indagó Rafael.

—¡Por supuesto! Pero ella me enseñó. Eso se hace también con el aprendizaje. Hay que darlo para que se multiplique. Nosotros algún día nos iremos al océano, así como el agua del mar de Galilea, pero alguien debe quedarse con el conocimiento. Esa es nuestra misión y nuestro propósito mayor: seguir llenando de vida este mundo.

—Y de colores, y de bocadillos —continuó Rafael.

—Y de amor —concluyó Miguel.

El abuelo sonrió y los invitó al comedor. Era la hora de degustar los manjares del sábado. Rafael le ofreció a su hermano una silla y compartió todos los alimentos. Entendió que de nada le servía haber recibido tantos dones si no sabía cómo usarlos a favor de todos.

Open your Box

¿Sabes cuál es tu propósito mayor? ¿Has detectado esa consigna que te mueve, que te energiza y te apasiona? ¿Ya vives tu propósito mayor o aún estás en proceso de encontrar tu misión en tu vida? Estas no son preguntas fáciles, porque estamos acostumbrados a escuchar respuestas como "ser el mayor inventor y eliminar la maldad del mundo". Hemos creído que los propósitos mayores son enormes tareas, muy complicadas para solo una persona. La realidad es que todos compartimos el propósito mayor de cuidar de nosotros, de nuestro mundo y de los que nos rodean. Todos somos responsables de portarnos con humildad y respeto para preservar el bienestar y evitar dañar.

Como Rafael, tenemos que compartir lo mejor de nosotros. Como la frase de San Agustín, debemos encontrarnos con y en los demás.

    Practica diariamente. Esfuérzate y sé valiente cada jornada para entregar la mejor versión de ti. Esta es la forma más fácil y sana de alcanzar tu propósito mayor. Entregando tu corazón y tu mente para que cada acción sea para el bien mayor.

Improvisar es abrir tu corazón y expresar lo que sientes desde la intuición y la libertad

◗ Sellos dorados: las 6 caras más divertidas del dado

Cada palabra tiene su propia magia, a la vez que encierra enigmas y misterios. Lo mismo sucede con nuestras emociones y sentimientos. ¿Ahora te imaginas si lo mezclamos? ¿Qué pasa si llenamos nuestras acciones de voluntad?

Vamos a divertirnos, a atrevernos y a conocernos más. Vamos a conectar por medio de acciones —algunas supuestamente cotidianas y otras muy alejadas de nuestra rutina— llenas de ti y de tu esencia, de la misma magia de las palabras, los sentimientos y las emociones.

El poder del dado como objeto de azar es que te lleva a diversos caminos. Aunque existan más posibilidades sobre lo que pudo haber ocurrido cuando aventaste el dado, créeme cuando te digo que la cara que salió es la que te debió de haber salido. Aprende del destino incierto, pero siempre correcto. Cada cara de este dado está llena de lecciones y de develaciones.

Puedes lanzar el dado las veces que quieras. El chiste no es llegar a una cantidad, sino a una reacción. Este es el último paso del juego. Se diseñó de esta manera para que valoremos todo lo que hemos recibido, lo agradezcamos y dejemos ir lo que no nos sirve. Este es el cierre dorado, exclusivamente ideado para concluir el proceso del juego.

¿Te gusta improvisar? ¿Hace cuánto que no lo haces? ¿Te divierte?

La mayoría podemos recordar una experiencia de improvisación. Ya sea porque estábamos en el aula escolar y el profesor nos preguntó algo cuya respuesta deberíamos saber, pero no recordábamos, o porque en alguna clase de oratoria practicamos esta habilidad.

Improvisamos a diario. De manera cotidiana la vida nos lleva por pequeñas y grandes situaciones en las que tenemos que improvisar. Y en cada simple improvisación, aprendemos de nosotros mismos.

En primera instancia, puede ser que te estresa mucho tener que hacerlo, pero después te relajas sobremanera. Puede que primero detestes la idea de generar algo en el momento, después te alegrará tu habilidad de hacerlo.

¿Sabes cuál es uno de los mayores beneficios de la improvisación? Que es muy saludable. Conectamos lo que sabemos con lo que sentimos, así como nuestros pensamientos con nuestros sentidos. Lo más vital de la improvisación es que hace surgir nuestra intuición. Eres capaz de reunir en un momento el pasado con el presente y el futuro. Canalizar y filtrar en tiempo real, agregar tu esencia y entregar el regalo recién creado.

La improvisación es nuestra aliada a esta altura del juego. Lo que los dados dictan que hagamos puede ser retador. Storytelling es tu herramienta para cumplir con lo que sigue. La improvisación es imprescindible porque son tareas con muy poco tiempo para preparar y presentar.

En este segmento del juego tendremos que abrirnos con los otros jugadores y ser sinceros. No importa si es la primera vez que convives con cierto jugador. Este segmento te pedirá que hables con sinceridad sobre lo que esa persona emite con su mirada y su expresión.

Cuando alguien está por realizar algo que le aterra o confunde, ¿cuál es una de las recomendaciones más comunes? ¡Relájate! Respira y ten la paciencia necesaria para que fluya lo mejor de ti. Los juegos de improvisación tratan de conectar ideas en tu cerebro. En estos momentos somos genuinos. No te maquilles. No necesitas exactamente de las palabras más preciosas, sino de las más precisas. Juegas con lo que traes en el momento, sonríes con todo lo que eres. La improvisación emerge directo desde el corazón.

Si viviéramos la vida pensando en que nos toca improvisar, seríamos mucho más estrictos sobre observar y escuchar. Lo haríamos con más frecuencia y atención.

Otro de los beneficios de la improvisación es que produce muchas sonrisas y gozos. ¿Cuándo fue la última vez que improvisaste? ¿Cuándo aprovechaste un par de horas libres para ir a comer con una amiga y fue la mejor de las ideas? ¿O cuándo subiste a tu auto con tu pareja y gozaron de unas vacaciones sin rumbo fijo? ¡La improvisación es saludable y fructífera!

A continuación, te presento los Sellos Dorados, la mejor parte de *Open your Book*, cuando empieza la aventura de reconocer, de agradecer, de hacer sentir bien al otro. Cada uno de estos sellos tiene un color, lo que corresponde a uno de los lados del dado. Me gusta mucho la idea de aventurarse a lanzar el dado y descubrir qué es lo que nos toca improvisar. Una pequeña y gran aventura, reservada justo para el final de cada ronda, en la que todos en la mesa de *Open your Box* nos hemos expresado: primero, con las 6 emociones básicas; segundo, con las 6 competencias; y ¡la tercera es la vencida!, con empatía y amor hacia los demás por haber compartido experiencias, emociones y un mundo de palabras.

Morado: Abraza

¿A cuántas personas has abrazado hoy? ¿A cuántos de tus seres queridos? Hace un par de años se volvió muy famosa una serie de videos que documentó una campaña social emprendida por un joven. El chico se instaló en una calle con un letrero que rezaba "Abrazos gratis" y esperó a ver qué persona desconocida se acercaba para aprovechar la oferta y abrazar y dejarse abrazar.

La primera en hacerlo fue una mujer mayor. Ella le comentó que su perro había fallecido y que aparte era el aniversario luctuoso de su hija. El chico se agachó para estar al mismo nivel que la mujer, y se abrazaron. Ese momento significó todo.

Se trataba de un joven que había regresado a su ciudad natal, pero se sentía como un extraño. Estaba lleno de problemas y solo quería un abrazo. Esa mujer mayor también tenía el mismo deseo. Cuando los dos se separaron, los dos rostros se iluminaron con una gran sonrisa. ¿Cuántas personas necesitan esa muestra de cariño y reconocimiento? ¿Qué significa verdaderamente un abrazo?

En muchas culturas se suele dar un abrazo de tal forma que los corazones de cada persona están uno enfrente del otro. Se cree que es una manera más profunda de conexión.

En otros países los abrazos son un gesto íntimo que no puede suceder con cualquier persona. Después de todo es una acción que nos deja en un estado vulnerable. Es un acto en el cual nos abrimos y nos dejamos envolver por alguien más.

Se dice que el número de abrazos que deberíamos de dar y recibir cada día es de doce. Piensa cuántos has dado o recibido hoy y a quién o de quién. ¿Son abrazos sinceros o de aquellos que tienes que entregar porque se trata de una formalidad? Lo más probable es que cuando leas esto tu respuesta sea que no has llegado ni a un cuarto de la cifra diaria recomendada. En ocasiones dejamos de dar importancia a rutinas valiosas de interacción. Dejamos de frecuentarnos, de saludarnos con un beso o un abrazo, y en algunas ocasiones hasta de vernos de frente.

El abrazo no es algo simple. Hay mucha gente a la que le cuesta entregarlos o recibirlos. Les cuesta trabajo el contacto con los demás y se resisten. Se necesita apertura, paciencia y comprensión para acostumbrarnos al cariño y afecto de los otros. Cuando la persona resistente lo logra, obtiene un sinfín de beneficios. Está científicamente comprobado que un abrazo mejora instantáneamente nuestro bienestar.

El abrazo es un remedio excelente para la preocupación, el estrés, la ansiedad y el sufrimiento. Abrazar de manera sincera nos ilumina a nosotros, a nuestro prójimo y a lo que nos rodea. ¿Has probado abrazarte, un gesto de ti para ti? Se puede hacer y se siente muy bien. Inténtalo, anda, coloca tu mano derecha por encima de tu hombro izquierdo y tu mano izquierda por encima de tu hombro derecho. Quédate ahí un momento. Esta es una forma de reconocerte y de agradecerte. Reafirmar que te amas te convierte por un instante en una persona feliz y plena.

Si obtienes el color morado, te toca abrazar y que te abracen. Es momento de abrirte y de formar un flujo de cariño y aceptación. Tarda lo que quieras en el abrazo. El objetivo es que lo sientas. Un buen y honesto abrazo se vuelve más beneficioso cuando se rompe la barrera de cierta incomodidad al principio. ¡Abrázate y abraza! Siente a la otra persona y llénate de plenitud. ¿Qué sientes al ser abrazado o cuando tú abrazas? ¿Qué se genera cuando eres tú quien te abraza?

Azul turquesa: Habla bonito

¿Te expresas en positivo o en negativo? ¿Eres consciente de las palabras y el tono que usas al hablar? A más de una persona le sucede que los que la rodean le dicen que se comunica con un tono golpeado que suele lastimar y agredir. Atención: para hacer daño no se necesitan únicamente palabras "fuertes". La hipocresía puede revivir heridas y es visible, aunque se revista de palabras "dulces".

Hablar bonito de ti y de los demás es una habilidad que no siempre forma parte de una cultura familiar. Expresarse en positivo refuerza nuestra autoestima y nuestro optimismo. Por ejemplo, prueba ver a las personas en la calle, en un centro comercial o en un parque. ¿Puedes pensar en algo positivo o agradable de cualquier desconocido? Inténtalo. Es un poco difícil porque estamos programados para primero identificar lo "erróneo" según nuestro criterio o percepción, como si nuestro lente estuviera ajustado para distinguir lo desagradable o molesto de otras personas.

No solo hablamos o nos expresamos en negativo. También escuchamos de la misma manera. Desde muy temprana edad nos enseñan que algo malo siempre nos puede pasar. Por ejemplo, a los niños se les alerta de que se pueden caer cuando están corriendo o saltando. Sería mejor decirles que tengan cuidado en vez de plantar en su cabeza la idea de una caída o accidente.

Lo usual es que nos eduquen para tener miedo o cuidarnos de los otros. ¿Pero alguien nos enseña a hablar bonito con uno mismo y con los demás? ¿Se promueve que te felicites y te abraces? Escucharnos con respeto, hablarnos con amor, reconocernos con honestidad: son acciones que salvan vidas.

Veamos un ejemplo: Román era un joven retraído y tímido. Desde muy pequeño aprendió que su lugar estaba siempre al final de la línea. Se sentía menos que los demás. Conforme creció y maduró, su sentimiento se transformó en una gran culpabilidad. Creyó que no merecía estar en este mundo.

Su tristeza era tanta que le robaba toda su energía. El joven dormía mucho y se cerró a la posibilidad de ver la luz. Expresaba con frecuencia que deseaba morir. Comía muy mal y su salud estaba deteriorada por su estado emocional. Tenía, como solemos decir, una pila muy baja, con escasa carga para soportar el transcurrir de los días.

A veces, Román creía que no podía hundirse más. Se sentía patético y pequeño. ¿Alguien podría acabar con esos sentimientos adversos creados por él mismo? Él no se creía capaz.

Alguien podría contribuir y ese alguien le hizo una llamada. Era un amigo de la infancia. Estaba de visita en la ciudad y quería ver a Román. Tenía un largo periodo sin saber de él.

Román atendió el teléfono esperando escuchar alguna llamada de ventas o de un desconocido. Le sorprendió escuchar a su amigo de antaño. Esto le causó un destello de alegría.

Los dos quedaron de verse en un café. Román dudó mucho de su apariencia y de su persona. Sabía que lucía mal. Se preguntó de qué iban a hablar, pues se consideraba una persona aburrida. Resopló antes de salir de casa y se sintió culpable por no ofrecer algo más interesante y divertido que él mismo. No había tiempo que perder. Por lo menos podía ser puntual.

Las siguientes horas fueron oro puro para Román. Se divirtió, aprendió, y lo más importante: alguien lo escuchó. Fue una coincidencia que su amigo se dedicara a la Psicología y que le gustara escuchar con atención.

El amigo se dio cuenta de que había algo taciturno en Román, pero no se lo dijo. Le dio toda su concentración y le habló con las palabras correctas. Le dijo que le gustaba cómo se expresaba y que tenía algo muy especial en su persona: era inteligente y siempre le había caído bien. Esos minutos salvaron la existencia de Román.

Salió de aquel café con el propósito de pensar más en sí mismo y de comunicarse con otras palabras. No necesitó más. Esta es la importancia de hablar desde el corazón y conectar. Hablar bonito no es mentir. Es esforzarse genuinamente para encontrar la esencia del otro o de uno mismo, y recalcar la belleza de estas particularidades.

Es tu turno de hablar bonito. Será un ejercicio de improvisación porque solemos prepararnos de antemano para hablar de esta manera. Mi consejo es que sigas tu intuición y que te expreses con el corazón en la mano. Ya sea que este pequeño diálogo sea para ti o para otra persona, entrega lo mejor de ti y concluye con una sonrisa.

Verde limón: Reconoce

James Cameron, el aclamado director de cine, tuvo que esperar alrededor de diez años para poder realizar una película que era un sueño para él: *Avatar*. Este filme nos muestra una civilización alienígena con una cosmovisión similar a la de las culturas prehispánicas alrededor del mundo. La conciencia sobre la naturaleza es mayor, hay una jerarquía con un orden muy aceptado y se considera muy valiosa la opinión de los "sabios".

A lo largo de la película, la raza de altos y azules alienígenas utiliza una frase que, para ellos, tiene mucho poder: "te veo". Este verbo de ver u observar no solo se refiere a la acción que los ojos llevan a cabo, se refiere también a comprender o entender. Con esta frase, los miembros de la comunidad se reconocen.

En terapia sistémica también utilizamos esta bella frase "ahora te veo", lo que integra en esta declaración el reconocimiento y el espacio en tu corazón de la persona. Porque lo que vemos en el otro también está en nosotros.

Se nos olvida con facilidad lo importante que es reconocer al otro. Se dice que vivimos una crisis de derechos humanos porque no nos percatamos de que cada persona sobre este mundo merece algún tipo de reconocimiento. No hay distinciones: todos por ser ciudadanos del mundo tenemos las puertas abiertas al elogio y a la consideración.

Si lo analizamos a un nivel de menos intensidad, nos percatamos de lo simple que es dejar de reconocer a los otros. Lo hacemos cuando no escuchamos, cuando contestamos sin haber atendido, cuando mejor decimos lo que el otro quiere escuchar con tal de que se aparte o guarde silencio. Es común que no reconozcamos al otro cuando nos sentimos enojados y frustrados, incluso cuando estamos en un punto de paz y equilibrio, en ocasiones no sabemos reconocer que estamos ignorando a esa persona.

Para lograr el reconocimiento interno y externo primero tenemos que volver conscientes las acciones que realizan los demás. Pregúntate qué hacen todos aquellos que amas y que te aman. Observa, comprende, reconoce y dales su lugar en tu corazón. "Te veo".

Es trascendental que nos reconozcan. Provoca confianza, motivación, bienestar, alegría y orgullo. En los primeros años de vida generamos nuestro propio concepto con base en lo que los demás reconocen en nosotros. Esto moldea e incrementa nuestra autoestima. El reconocimiento nos hace sentir aceptados, parte de un grupo y de una comunidad.

Por el contrario, si no se nos reconoce, podemos sentirnos incapaces e insuficientes. Creemos que no podemos desarrollar determinadas tareas. ¿Has conocido a alguien que cuando se le aplaude o se le reconoce por algo no lo acepta? No es un caso extraño. Muchas personas no saben cómo manejar el reconocimiento porque no están acostumbrados a escucharlo.

Mi madre nos educó para no aceptar nuestra belleza o inteligencia. Decía que solo los demás podían decirlo por nosotros, no nosotras mismas. Así lo aprendió ella y quizás buscaba que no fuéramos personas engreídas. Ahora con las herramientas al alcance de la mano, a los educadores, padres de familia o guías, nos toca reconocer a cada persona en su justa dimensión. Ver todo su potencial e impulsarlo.

Hoy tienes la oportunidad de reflexionar y reconocer la importancia de las personas que te rodean. Solo viendo a los demás plenamente conectamos en un grado más profundo, dado que el nivel de involucramiento es mayor. El grado de satisfacción de las relaciones interpersonales crece cuando nos atrevernos a reconocer a los demás.

De la conciencia al reconocimiento y del reconocimiento al afecto. Es meritorio mencionar que no todos los reconocimientos se enfocan en lo positivo. También podemos reconocer una herida o algo que nos dañó y alcanzar el afecto con el otro o establecer armonía en nosotros de manera interna.

Reconocer también significa establecer temporalidades dentro de las acciones. Si te lastimaron, eso ya se terminó. Acomoda esta acción en el pasado. Si te siguen lastimando y lo reconoces, estás logrando posicionar esta acción y sentimiento en el presente y entonces te alistas para trabajar con eso.

Con el reconocimiento se genera confianza y autoconfianza. Crece nuestra valía y nuestra habilidad de expresión asertiva. Ahora sí: rreconoce en ti y en otros particularidades que te gusten y da gracias por ellas. Dí. Expresa. Reconoce.

Amarillo: Regala al poeta que traes dentro

¿Quién no pasó en la escuela primaria por la poesía y las rimas? ¿Quién no tuvo que declamar un par de versos para obtener una mejor calificación en la clase de Español? ¿Quién se atrevió a escribir sus propias metáforas y hasta les puso especial dedicatoria en secreto?

Este color en el dado es de mucha diversión y creatividad. Llegó la hora de sacar a tu poeta interior y de crear una analogía o una rima para otro jugador. No tienes que pensar mucho en la métrica ni en palabras rimbombantes.

Entrega un verso fresco y honesto.

Te propongo algo mejor: Dedica tu creatividad poética a ti mismo. Juega a que estás del otro lado y a que escudriñas en ti para no perder detalle: te emocionas ante cosas que descubres porque tú eres esa persona siempre y solo hoy, gracias a *Open your Book*, te atreves a ser otra. Te vas a divertir mucho y te vas a enamorar de tu personalidad, de tu cuerpo, de tu magia.

Regalar un poema para alguien equivale a crear algo para el otro. Es decir que le regalas más que palabras. Le estás regalando tu buena intención y también la oportunidad de que se perciba a través de tus ojos.

Diviértete y piensa en un poeta que te agrade. Inspírate en su talento para generar una improvisación genial que provoque sonrisas. Piensa en lo que esa persona te hace sentir o te genera.

Toma aire, levántate de tu asiento y prepárate para declamar unas palabras bellas y sinceras a otro jugador o a ti mismo.

Naranja: Canta

"Ah qué bonita soy, qué bonita soy, cómo me quiero". Como ya te dije hace unas páginas, me gusta mucho esta canción. Lo que no te había dicho es que me gusta cantar esta canción para mí. Cuando lo hago, inmediatamente sonrío. Aunque sea un gesto que se pueda calificar de infantil o trascendental, algo tan básico como cantar —solo para ti— genera un cambio. Te divierte, te anima y motiva, te hace sentir mucho mejor.

Está comprobado que la música es el arte más directo y provocador. A diferencia de las otras Bellas Artes, la música ya existe en nosotros. Estamos rodeados de frecuencias y de sonidos constantes. Rompe todos los filtros y armaduras y entra en ti. La melodía se siente dentro, por eso la música es tan conmovedora.

A esto agrega una buena dosis de palabras. Las letras de las canciones nos invitan a reflexionar, a divertirnos, a atender y darnos cuenta de muchas cosas.

Piensa ahora en tus canciones favoritas, en lo que dicen y en lo que generan en ti. Tal vez descubras que las letras no reflejan tu manera de pensar. O quizás te sorprenda que nunca habías escuchado con tanta concentración sus rimas y ahora te gusta más.

Esta cara del dado de *Open your Book* es una invitación a que te sumerjas en la música, afines un poco tu garganta y te diviertas cantando. Siente cada frase y cada melodía.

Si tienes que cantar a alguien más, conecta viendo al jugador a los ojos. No te cohíbas ni limites tu expresión. Los sellos dorados están diseñados para provocar una conexión profunda. Atrévete a hacerlo.

Si tienes que cantarte a ti, párate frente a un espejo y entona una canción que te alegre y te represente. ¿Qué melodía te quieres dedicar? También puedes improvisar.

¿Qué le quieres cantar a tu pareja, a tus hijos, a tus padres? Es momento de hacerlo y de divertirte.

Rojo: Baila

Aquí se vale bailar hasta *La Macarena*. El propósito de esta cara del dado es que te muevas, que liberes la energía que se ha ido apelmazando en tu interior a lo largo de esta lectura. Relájate, libérate, mueve el cuerpo y déjate llevar. El cuerpo habla y cuando le entregamos un canal para que se comunique lo hace sin ningún tapujo. En esta sección el propósito es que muevas cada músculo a tu ritmo. No hay juicios ni calificaciones. Hasta podemos suponer que ni siquiera hay géneros musicales: solo tienes que bailar.

¡Es tu turno! Muestra tus mejores pasos, esos que solo tú puedes hacer y siente el poder de la música a través de tu cuerpo. Baila contigo, baila con los demás. Permite que el baile sea el vehículo del agradecimiento.

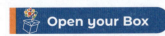

¿Desde cuándo no te sales de tus esquemas?

Improvisa hoy y llama a tu mamá para saludarla. O busca una receta de cocina con un ingrediente que hace mucho no utilizas y prepárate para divertirte con un resultado delicioso. ¿Quién no ha improvisado algo que resultó maravilloso o desastroso? De cualquier manera, de la improvisación surge un aprendizaje.

Hoy vas a romper tus guiones de todos los días. Vas a aventar muy lejos tus estructuras. Le vas a dar en la cara a la monotonía. Tú decides cómo improvisar. Si saludas a tu mamá o a un amigo, no planees tu conversación, no dejes que pase por filtros mentales. solo decídelo y habla. Sigue tu intuición. ¡No tenemos que cuestionarlo todo siempre!

Rompe el guion di algo sin pensar, algo loco o divertido. Verás cómo cambia el ambiente. Así como se modifica el espacio para alterar la energía, también puedes modificar tu expresión y tus palabras para mejorar tus emociones.

Tu actitud es el permiso que te das para estar presente, fluir y divertirte mientras aprendes

▶ Reflexión y aprendizaje: las últimas 6 caras del dado

El número 6 ha sido usado a lo largo de este libro. Lo hemos utilizado a propósito. Para muchas personas, este número está relacionado con la responsabilidad y la comprensión, con el liderazgo y la honestidad.

En la Biblia, el 6 es el número del hombre y del trabajo: del hombre, porque fue en el sexto día que Dios lo creó. Es un número inferior a siete, que es el de la perfección. Cuando Jesús asistió a las bodas de Caná fueron 6 las tinajas de agua que se convirtieron en buen vino. El 6 es la promesa hacia la perfección, es la mejora constante.

El 6 es también el número del trabajo porque fue en el sexto día que Dios trabajó por última vez en su creación. El día siete descansó.

En la Biblia encontramos diferentes ejemplos de la relación del 6 con el trabajo. Por ejemplo, Jacob trabajó 6 años para su tío; los esclavos debían servir durante el mismo periodo; y en el trono de Salomón había 6 grados.

De toda esta tradición bíblica y literaria hemos usado el número 6 por su relación con las caras del dado, las cuales representan la multiplicidad de posibilidades; y por su significado como el número del trabajo y de la comprensión.

Open your Book no es solo un libro para aprender, experimentar y jugar. Es también un reto diario y personal para mejorar nuestra gestión emocional. Ahora que ya hemos conocido y repasado las 6 emociones básicas, las 6 competencias emocionales y los 6 sellos dorados, pasemos a las 6 preguntas profundas de aprendizaje.

La reflexión es una parte medular de cualquier aprendizaje. Es el momento de absorción. Es relacionar hechos personales con lo que que acabamos de sentir y de aprender.

Quiero conducirte a un momento de reflexión a través de 6 preguntas. Ahora vamos a trabajar en la construcción de nuevos significados.

Te invito a destinar el tiempo necesario para que este último ejercicio de 6 preguntas resulte beneficioso y productivo. Regálate este momento. Recuerda que para saber qué pregunta corresponde contestar, tienes que lanzar el dado... ¡Y a jugar!

¿Cuáles son tus principales aprendizajes sobre ti?

Si te toca esta pregunta es muy probable que no puedas contestar a la brevedad, pues son muchos aprendizajes. Te recomiendo hacer un repaso por los diferentes temas que hemos tratado. Piensa en las emociones básicas, el termómetro emocional, en los cuentos, en los capítulos relacionados a los beneficios de sentir y de gestionar lo que interiormente nos sucede, en cada una de las competencias de la Inteligencia Emocional, etcétera.

Comparte qué aprendiste de ti en cada capítulo y la razón por la que esto es tan importante para ti. Puedes sentirte sorprendido por la cantidad de tiempo que viviste sin saber algo en específico. ¿Conocías a profundidad tus emociones? ¿Sabías para qué te sirve el enojo? ¿Tenías certeza de dónde sientes la tristeza? No dejes que la vergüenza o la timidez imperen al momento de contestar esta pregunta. Es muy reconfortante reconocer nuestras limitaciones y comenzar a trabajar en ellas.

¿Qué aprendiste? Compártelo y disfruta tu aprendizaje. En la medida que reconozcas sus beneficios y cómo impactan favorablemente tu vida, los practicarás más.

¿Qué es lo que más quieres recordar de esta experiencia?

Open your Book es un juego diseñado específicamente para incrementar nuestra Inteligencia Emocional. Fue hecho para provocar más de un momento de reflexión. Lo más seguro es que tengas un par de pensamientos con respecto a todo lo que hemos jugado y analizado. Esta pregunta es para que construyas una reflexión rica y general sobre lo que más vas a recordar de la experiencia.

Es importante compartir tu respuesta. Cuando verbalizas te escuchas a ti mismo y puedes profundizar en la reflexión. Puedes también escuchar lo que los demás jugadores aprendieron o pensaron al respecto y hasta cambiar tu reflexión personal o enriquecerla.

Piensa acerca de cada etapa, cada fase y cada lección.

¿Cómo te sentías al comenzar el juego y cómo te sientes ahora? ¿Qué diferencia hay?

¿Creíste que *Open your Book* sería de esta manera? ¿Te gustó la dinámica? Todavía más importante: ¿Puedes identificar cómo te sentiste con cada etapa del libro? La importancia de esta pregunta recae en reflexionar cuál es el último sentimiento o emoción con el que nos quedamos.

Piensa en aquella vez que ganaste un concurso, que corriste un maratón, que competiste por algo. Piensa en un momento intensamente doloroso o en un evento feliz y único. Piensa en estos momentos y con facilidad sentirás la emoción asociada al hecho. Estos recuerdos se han guardado en nosotros junto a la emoción provocada.

En varios de ellos es fácil responder cómo nos sentimos. Por ejemplo, si recordamos un ascenso laboral es sencillo asociarlo con la alegría. Pero existen momentos en que, aunque parezcan de tal naturaleza, no nos hicieron sentir lo esperable. Usemos de nuevo el ejemplo de la promoción, ¿y si, sobre todo, imperó el miedo?

Ahora es momento de que reflexiones sobre los sentimientos provocados con *Open your Book*. ¿Cómo te sentiste después de leer este libro? ¿Qué experimentaste al concluir los diferentes capítulos y contestar las preguntas o llevar a cabo los ejercicios?

Responde con completa libertad. Cierra los ojos, recuerda brevemente lo que recién has vivido, y comparte tu respuesta.

¿Qué harás para obtener el mayor provecho de lo que aprendiste de ti?

Cada ser humano responde a diferentes impulsos y motores. Como ya lo he mencionado, a mí me motivó crear una herramienta de provecho para que tanto mis clientes, como profesionales del bienestar o la educación y mis amigos pudieran adentrarse más en el tema de la Inteligencia Emocional y que obtuvieran beneficio del alto poder de las habilidades emocionales.

Lo que más me motivó a lo largo de este proceso de creación y diseño fue contribuir con mi experiencia a los demás. Entregar una herramienta práctica y poderosa para gestionar nuestro juego interior. En la realización de los diferentes segmentos de este libro mis motivaciones particulares podían variar, pero el objetivo general persistió.

Sé que por parte de los lectores las motivaciones cambian mucho más. Quizás decidiste leer *Open your Book* por curiosidad, porque alguien te invitó, porque te lo recomendaron, porque llegaste a la casa de un conocido y ahí lo estaban jugando.

¿Qué harás para obtener el mayor provecho de lo que aprendiste de ti? ¿Practicar más? ¿Descubrir algo desconocido? ¿Escuchar a los demás? ¿Unirte más a los otros jugadores/lectores?

¿Qué cambios harás a partir de hoy?

¿Recuerdas el inicio de este libro? ¿El breve relato sobre la persona que comienza a jalar el hilo de la madeja con la que está hecha? ¿Te preguntaste qué había debajo de su piel?

Jugando con *Open your Book* todos nos hemos convertido en este personaje. Todos hemos tenido que atrevernos a zambullirnos en nuestro interior y bucear hasta nuestros mayores tesoros. De esto se ha tratado la aventura de este libro.

Este es el momento de detectar los cambios que estamos listos a hacer desde hoy, desde que acabemos de jugar este juego precisamente y continuemos con el juego de la vida. No podemos seguir posponiendo nuestra mejora y nuestro bienestar. Utiliza tus aprendizajes y tus reflexiones para impulsarte a cambiar.

Crea una lista breve de los cambios que vas a implementar. Piensa para qué te servirá cada uno. Si impregnamos de voluntad e intención a nuestros cambios, será mucho más probable lograrlo.

Open your Book también es una oportunidad para cambiar lo que nos conforma, lo que nos rodea y la forma en la que nosotros impactamos en todo esto.

De lo que más te gustó compartir, ¿qué te resulto liberador?

Lo más emocionante de este juego es este momento, porque es cuando comenzamos a comprometernos con nuestro cambio. Haber liberado emociones que tenías atadas o "dar carpetazo" a una situación es reconfortante, surge fuerza para dar los pasos al cambio. El primer paso es darnos cuenta de lo que deseamos transformar, el segundo es saber cómo lo vamos a lograr. Así que cuestiónate cuáles serán tus acciones específicas que te ayudarán, día tras día, a cambiar.

Recuerda la ley del 1%: si mejoras este mínimo porcentaje cada día, a la vuelta de tres años podrías actuar de manera totalmente distinta y estar en una posición de dominio propio.

Aplicar lo aprendido en *Open your Book* significa construir tu propio termómetro emocional, mejorar tus habilidades emocionales, ser disciplinado con la gestión de nuestras emociones y cuidar las consecuencias de nuestros actos. Aplicar estos aprendizajes se resume en ejercer tu Inteligencia Emocional.

Será más fácil ser responsable si generamos una lista de acciones que se traduzcan en nuestra congruencia. Por ejemplo, si uno de tus propósitos es mejorar la relación con tus compañeros de trabajo, la forma de aplicar lo aprendido y ser responsable puede ser ocuparte en cómo puedes apoyar como miembro del equipo a realizar los logros generales.

Si quieres convertirte en una pareja más madura, aplica lo aprendido preguntándole con total sinceridad a la otra persona cómo se encuentra y qué planes tiene a corto, mediano y largo plazo.

¿De qué otras formas puedes aplicar lo que has aprendido con *Open your Book*?

Predisponte con valentía y entusiasmo a vivir el presente. Valora tus descubrimientos y aprendizajes.

¿Te ha sucedido que dices algo y no sabes de dónde proviene tanta sabiduría o conocimiento? ¿Has tenido reacciones que desconoces y que te llenan de orgullo y sorpresa? Tengo completa seguridad de que sí te ha sucedido. Cada ser humano es bastante inteligente en muchos campos. También es necesario otorgarnos el tiempo para responder o hacer preguntas, pues así podemos conocernos más.

Sé que en este juego te conociste más y mejor. Lo puedo asegurar. Mereces un aplauso, mereces reconocimiento: el tuyo. Lo que has dicho a lo largo de este juego ha fluido desde tu interior hacia los demás. Se ha compartido con fuerza y sinceridad. Inclusive si revelaste cuestiones que no sabías que cargabas y que te hicieron sentir expuesto, mereces aplaudirlo y reconocerlo.

Piensa en qué fue lo que más te gustó de lo que expresaste durante el juego y por qué. Quizás te gustó escucharte y a la vez te sorprendió atreverte a decir lo que sentías. Tal vez tus palabras resultaron esclarecedoras o reconfortantes. Y lo más seguro: aprendiste de ti.

Rescata tus palabras y tus respuestas. Úsalas en un futuro para fortalecerte en momentos complicados o para prevenirte ante situaciones desfavorables.

De tu interior puede provenir el mayor impulso o la más grandiosa claridad. Todo depende de qué tanta atención te prestes a ti mismo.

Hemos concluido con las 6 preguntas de reflexión. Llegamos al final del juego, al final de *Open your Book*.

¡Muchas felicidades! Eres valiente. Más allá de los aprendizajes, espero que hayas obtenido un sentimiento general de satisfacción y de alegría. Emprendiste una travesía de conocimiento hacia tu interior; conociste tus fortalezas y ahora podrás usarlas a tu favor. Obtuviste más gerencia y gestión sobre tus habilidades emocionales. Descubriste cómo cuidar mejor de ti y de los que te rodean. Has entendido la importancia de tus reacciones y sus posibles consecuencias. Y algo importante: te divertiste mientras fortaleciste tus relaciones interpersonales.

¡Felicidades! Como el héroe o la heroína de tu propia historia has avanzado y te has atrevido a formular preguntas difíciles y fructíferas. Espero que hayas gozado de este tiempo y que busques repetir esta experiencia y este ejercicio de descubrimiento.

Felicidades por atreverte a bailar, reír, componer, cantar, preguntar y responder. Enhorabuena por tu aportación a la construcción de un hermoso conjunto de significados que va sumando vida y experiencia de persona en persona.

Espero que en cada una de las historias narradas hayas encontrado un pedacito de ti y que ahora tengas la voluntad y las ganas de compartirte más.

Una vez que hayas practicado tus habilidades emocionales estarás listo para emprender la cuesta hacia el liderazgo emocional. Podrás acompañar a tu equipo de trabajo, a tu familia y a tus amigos, en el camino de la Inteligencia Emocional.

Muchas gracias por tu tiempo y tu participación en *Open your Book*. Cada jugada fortalece y mejora esta dinámica.

¡Sigamos jugando y aprendiendo! El juego es una oportunidad reflexiva para seguir creciendo y sintiendo tanto con nosotros como con quienes nos rodean.

¡Sigue lanzando el dado!

Cuidado editorial
comunicamexico.com

Open your Book
Se terminó de imprimir
en enero de 2022

El diseño editorial
estuvo a cargo de
typotaller
typotaller.com